也許你該
和自己聊聊

降低情緒內耗，學會放過自己，
強化內在安定的六個正念對話練習

Rachel Goldsmith Turow 瑞秋·高史密斯·圖羅——著
陳思華——譯

高寶書版集團

獻給喬恩、奧莉安娜、菲利斯和約書亞。

目錄
Contents

緒論：自我對話 007
1 吸氣，我的朋友；呼氣，我的朋友 044
2 發現成功 078
3 非評判或至少較少評判 116
4 轉敗為勝或先行動再思考 150
5 透過慈心禪培養友善 182
6 技巧性地接納所有感受 226
結語：繼續健康的自我對話 276
注釋 282

緒論：自我對話

身為八〇年代的小孩，我小時候聽惠妮．休斯頓（Whitney Houston）的〈最偉大的愛〉（*The Greatest Love of All*）時都會感到困惑。「最偉大的愛」聽起來像是偶然，令人費解。歌詞中描述愛「發生」在她身上，字裡行間卻也暗示了涉及某種過程：「至高無上的愛／其實不難實現／學會愛你自己／就是世間最偉大的愛。」但如果我根本不愛自己，又該如何學會愛我自己呢？惠妮．休斯頓唱得很棒，但我一直想不通為什麼要喜歡或愛自己很容易，好像改變心態就跟換新衣服一樣簡單。

我一直都不喜歡自己，常常會自我批判。批評自己很容易，無論是在校內、校外還是社會環境都充斥著同儕比較的壓力，總有許多比我聰明、有才華、漂亮和更酷的人。自我批判似乎可以幫我認識並改正我的缺點，激勵我改進，成為自己和他人都能接受的人；但自我批判的習慣反倒讓我心力憔悴，感到不安和灰心。當我終於想建立鼓舞人心的自我對話，也就是在腦中跟自己對話時，卻不知道該怎麼開始。

在童年和青少年時期經歷大量痛苦的自我批判後，我很幸運能結合過去幾十年的個人和專業經驗，與我腦中的聲音形成截然不同的關係。時至今日，身為一名臨床心理師，代表我能利用這個身分跟上百位患者坐下來閒聊，觀察他們自我對話的模式和改善方法。我同時是個從事研究的科學家，當我聽說一種能改變自我對話或改善心理健康的方法時，不會馬上建議他人這麼做，除非我找到證明其可行的數據資料。我想確保我推薦的方法經過設計精良的科學研究，顯示對大多數人有效。（我要數據！）況且我是會冥想的人，代表我試過各式各樣與自我、自己的想法和感受連結的方式，然後反覆練習。根據我的經驗，練習很重要。我靠的不是頓悟或意志力，而是透過不斷練習更健康的方法來改善自我對話。

善待自己似乎既重要又很難做到。我常聽到有人說「我真該對自己好一點」，同時表達不確定該怎麼達到目標。自我批判的習慣通常根深蒂固，僅靠良好的意圖來調整往往會帶來有害的結果。通常人們每天會多次批評自己，持續數年或數十年之久，直到他們認為之所以習慣自我批判，是因為個性使然。（「我對自己要求非常嚴格。」）

對此我有不同的見解。我從自己、學生和患者的生活中，觀察到以具體有效的方式克服自我批判帶來的影響，我知道**自我批判並非一種人格特質**。我在大學開設為期四週的課程中，需要練習這些策略，學生們紛紛表示他們與自己內心的對話發生了重大變化。看到他們在報告裡描述遠離嚴厲的自我批判，以更加友善、關懷和鼓勵的方式跟自己相處，深深觸動了我。

我在就讀臨床心理學系研究所時，希望學到改善心理健康的具體方法，包括治療自我批判帶來的心理狀態，例如抑鬱和焦慮。然而，我注意到一些常見的療法對很多人而言似乎成效不彰，像是對患者批評自己的話提出質疑，或請患者寫下對自己的批評並替換成鼓勵的想法。通常人們會意識到自我批判的想法很痛苦、這麼做有問題，卻發現只是換個健康的念頭通常沒什麼用。

過去二十多年來，我一直在探索其他改善自我批判的策略，減少直面自我批判的機會，更加依靠建立健康的習慣來與自己相處。我在本書介紹的練習包括培養善待自己的習慣、關注日常生活中的成功、以便於理解但有條不紊的方法處理抑鬱情緒，以及優先考慮並加強健康行為。為了設計我獨特的練習方式，放入本書中，我借鑑許多經過同行審議的研究報告，歸納出減少自我批判的方法。我盡量講得具體、簡單一點，方便記憶，讓你在練習的時候有個明確的目標，而非籠統的冥想，更像是一而再再而三的練習。

我用自我對話一詞表示與自己內心對話或對待自己的方式，無論是無意識，還是有意為之。自我對話可包含自我評價或自尊（看待自己或自身行為是好是壞）、自我意識（有意識地感知自己的想法、情緒和行為）以及自我慈悲（善待並理解自己，尤其在面臨失敗或困境的時候）。本書自始至終談論很多學習自我慈悲的方法，同時闡述其他不算在自我慈悲練習範疇內的策略，包括激勵自己按照自身目標和價值觀行事、注意細微的成功、減少整體的評判以及處理艱難的情緒。總的來說，本書的重點在於透過建立較鼓勵、友善且有效與內心對話的方式以減少批判式的自我對話（也就是自我批判）。

身為臨床心理師和西雅圖大學的兼職教授，我每天都在大多數來找我做心理治療的患者和學生身上看到自我批判造成的問題。有的人描述跟不認識的人見面會感到極度不自在，因為他們擔心那些人會跟自己一樣，以同樣的理由批評他們。而除了擔心，人們可能還會怪自己太焦慮。（「我到底怎麼了？為什麼我就是不能放鬆？」）還有人會質疑自己在工作上的每個決定——而如今，很多職場的工作量龐大，常常需要回覆電子郵件和簡訊，這麼做根本無濟於事。抑鬱症患者時常會因為自己心情沮喪感到挫敗。（「我應該要堅強一點，我應該要可以應付得來。」）人們經常把任何情緒困擾當作自己本身有問題的跡象，而不是作為人類會遇到的正常考驗。那種因為心情沮喪而情緒低落的自我批判想法會導致更多痛苦。

令人吃驚的是，只要減少自我批判，其他所有問題都會跟著好轉，包括抑鬱、焦慮和創傷後壓力症候群。自我對話還可以減輕成癮症狀或促進康復。有些人可能會試圖依靠酒精或其他藥物讓自我批判的聲音安靜下來，然而因為使用這些物品所產生的自我批判可能只會讓情況更加惡化；相反地，自我對話則能夠將行為導向更健康的方向。當然，自我對話只是人類療傷版圖中的一環，健康的自我對話無法阻止有毒物質外洩、戰爭或貧富差距，也不能完全消除種族歧視、性別歧視和同性戀恐懼導致由內化偏見產生的自我批判。健康的自我對話並非萬靈藥，但可以讓你更容易處理沮喪的情緒，創造能夠欣賞自己優點的空間並從中得到快樂。選擇一種方式開始跟自己對話，可以增強自信心。你腦中的聲音會開始表達自身真正的價值，而非重複你從別人那裡吸收的訊息或者是下意識自我批評的習慣。

所有我在日常生活中練習新的自我對話技巧的時間加起來，改變了我的人生。我實際體驗人生大部分的時間，而不是在事後批評自己的每個舉動。（「我為什麼要那樣說？」、「我為什麼不能更有效率一點？」）我能專心做好工作、經營好人際關係並照顧好身心靈健康。我盡可能過好每一天、每一分鐘，偶爾也會休息一下。倘若我搞砸了某件事時，我會把力氣用在讓情況好轉，而非用自我批判的態度苛責自己。

當然，生活中還是有一些我希望能變得更好的部分，例如我希望能花費更少精力在安排家務上。但整體而言，我每天的生活並未增添多少痛苦，無論是言語上的自我批判（「你到底怎麼回事？」），或是隱約有種責怪自己做得不夠好的感覺。這是一種更平靜輕鬆的生活方式，但我的改變不只是因為決定轉換心態。在最初幾年的練習中，我每天至少撥出十分鐘的時間，有時二十分鐘，並且運用確切的技巧——具有大量科學依據的方法。

當我看到正向自我對話在我自己、我的患者和心理學課學生的生活中帶來的影響後，我對這個概念越來越有興趣。我開始研究跟這個主題相關的科學文獻，對於自我對話能加劇或改善人類廣泛的痛苦到哪種程度感到震撼。目前已有數百項研究報告提出減少自我批判和改善自我對話的方法，那些研究調查為我建議的方法提供依據。

為了搞清楚這些策略是否能幫助陷在自我批判裡的大學生，我在兩年期間組建好幾個為期四週的「自我對話」小組。[1]我請學生們分別在這四週課程開始和結束的時候完成有關自我批判、抑鬱和焦慮的標準化問卷，[2]分析結果顯示，學生在課程結束的自我批判、抑鬱和焦慮程度明顯低於剛開始成立小組的時候，意味著這些自我對話的策略可以在相當短的時間內帶來重大變化。接著我想到，如果有學生願意將他們個人自我對話的練習和學術研究結合在一起，也能學到經由科學認證不同的自我對話技巧和相關的方法（還能藉此得到學分）。

過去五年多來，我一直開設為期四週的「科學與實踐」心理學課程：「建立心理韌性」、「正念技巧」和「培養自我慈悲」，讓學生探索自我對話及相關主題的研究文獻，練習本書探討的技巧，並寫下實踐這些新方法的感想。他們對於自身練習經驗深刻的描寫，跨越一連串外在環境和內在因素，闡述他們如何透過具體、刻意且不斷的練習，使自我對話獲得真正有意義的改善。我在本書放入很多學生練習這些技巧的報告（無論是徵求本人同意引用原文，或在我聯繫不上本人的情況下重新敘述）來說明這些行動策略，並藉由他人現實生活中的例子帶給剛開始接觸自我對話的人更多希望。[3]

科學證實：自我對話真的非常重要

數百項研究顯示自我對話在心理健康中扮演著重要的角色：自我批判會加深抑鬱、焦慮和壓力傾向，善待自己則會改善這些狀況。有個研究找來三百四十九位年齡介於十六至六十七歲的受試者，發現自我慈悲程度越高的人，越不會有心理方面的困擾。[4]另一項研究調查了一百一十九位大學生，發現覺得自己自信心不足的人在面臨壓力時，抑鬱和焦慮的程度更高。[5]研究人員在調查重度抑鬱症的康復情況時，觀察到在五百一十八位患者中，減少自我批判是預測改善的最大因素。[6]一系列其他研究在在顯示鼓勵、友善的自我對話的重要性，它關係到人們的積極度、工作表現、人際關係和心理健康。

自我批判是一種跨診斷症狀，因為它橫跨像是抑鬱、焦慮、創傷後壓力、成癮和飲食失調等的診斷或狀況，而這些症狀往往被不同領域的專家當作個別問題處理，並透過參加不同類別的互助會解決。**自我批判會導致大量心理健康問題惡化或持續下去**，例如我所接觸的患者就因為患有抑鬱症而憂鬱、焦慮症而焦慮，同時因為產生任何艱難的情緒而批評自己。

鑑於自我對話對心理健康的重要性及人們對這門學科的大量研究，為什麼那些受到科學支持、改善自我對話的方法不被更多人知道並討論呢？為什麼明明自我對話的重要性有如此充分的科學依據，似乎卻一直停留在「空穴來風」或「大眾心理學」的狀態？其中一個原因可能是由於心理健康領域習慣以特定的方式將問題分開、調查並治療，而要改變傳統是很困難的。例如，雖然許多人同時有焦慮和抑鬱的症狀，但這兩種病症往往會分開研究。研究人員或心理治療師在選擇專業知識領域時，通常寧願選擇發展十分完善的主題，捨棄跨傳統學科。就像在大學很難選擇「水」作為主修（你可能會選擇化學、地質學、工程學或政治學），想選擇自我對話這樣涵蓋心理健康診斷的專業是很難的，即使在心理學或社會工作學系中也沒有這類課程。

處理自我對話確實構成幾種有效治療心理健康的要素，例如認知行為治療（Cognitive Behavioral Therapy, CBT），一種針對抑鬱和焦慮症的療法，旨在探索並改變時常反映自我批判的「自動化思考」和「核心信念」，認知行為治療的研究顯示自我批判的程度會影響治療結果。[7]針對創傷和創傷後症候群的認知處理治療（Cognitive Processing Therapy, CPT），將自我批判視為在經歷壓力性生活事件後，以內疚、羞愧、自責形式出現的「癥結點」。[8]而證明有助於解決所有心理問題的正念療法，包括焦慮、壓力、抑鬱、慢性疼痛、飲食失調和成癮，將重點放在避免自我評判。更多近年興起的療法，包括正念自我慈悲（Mindful Self-Compassion）[9]、慈悲心培育訓練（Compassion Cultivation Training）[10]以及慈悲焦點治療（Compassion-Focusd Therapy）[11]，旨在更直接友善地對待自己，而且已被證實可以有效減少自我批判。[12]目前已經有好幾種被實際證明有效的策略，但即使是心理健康治療的從業人員可能都不完全知道這些療法，更別說大部分對於自我對話感到陌生的人了。

自我對話訓練：行動勝於意圖

由於自我對話似乎「全在腦內進行」，你可以選擇進行能帶來幫助而非有害的自我對話，然後這件事就到這裡結束了。（真的嗎？）我還聽過把腦袋裡負面的聲音調小，把正面的聲音調大的建議。（當然沒問題，開關在哪？）普遍勸導人們練習「正向的自我對話」的做法對我來說似乎也很籠統，因為這句話可能意味著從時常稱讚自己到告訴自己一切都會很順利。如果上述任何一個方法對你有用，那太好了！然而，對我們大部分人而言，事情沒那麼容易。釐清為什麼你想對自己好一點，並確信健康的自我對話帶來的好處或許是做出真正改變的必要步驟，但也只能帶我們走到這一步。亞馬遜的創辦人傑夫・貝佐斯（Jeff Bezos）督促他的員工記住：「善意無效，只有機制才有效。」[13]

關鍵在於練習，而且是**有意識的練習**，運用你自行選擇、也似乎很適合你的技巧，你也願意相信這些練習會帶來效果。練習不需要花很多時間，但如果你希望自我對話產生有意義的改變，盡量每天至少練習幾分鐘。如果這個想法讓你不知所措，你可以試著把注意力放在其他習以為常的活動，像是刷牙、吃維他命、買日常用品或鍛鍊身體，隨著時間的推移改善自己的健康。

事實上，當你在練習健康的自我對話時，就已經在進行鍛鍊了。無論有益還是有害的自我對話都會顯現在身體狀況上。自我批判會使大腦和神經系統開啟「戰鬥或逃跑」反應，而有益的自我對話可調節情緒，加強決策，舒緩神經系統。你的大腦和身體在「對，你搞砸了，但這是身為人類很正常的事」和「你是個徹底的失敗者」兩種反應下的運作方式不同。透過開始練習，並堅持自己的「自我對話訓練」，你就會變得越來越習慣更平靜、友善的反應，自我批判也會隨之減少。

自我對話和自尊

自我對話和自尊是一樣的概念嗎？不是的。自我對話是關於你與自己對話或相處的方式，自尊則跟你對自己的評價有關（例如，是好是壞、有無吸引力、有無成效等等）。當然，兩者也有共通點。如果你以仇敵的身分與自己對話，而且大部分內容跟負面的自我評價有關，你可能會陷入低自尊的處境中。停止給自己套上高自尊或低自尊的框架會有幫助，因為從整體評判自己（不管是「好」

或「壞」）也會導致問題產生。給予自己高評價（高自尊心）伴隨著幸福感和樂觀，但有時候還包括自戀、出現自利性偏差、無法忍受別人給的負面評價、需要他人贊同等結果，[14]認為自己不夠好則會影響心理健康。

與你的想法相反，有效解決低自尊的方法不是想辦法提高自尊，而是**減少評價自己及跟他人比較的時間和精力**。這不是要你不去注意或不在乎是否友善地對待他人，或是否達成目標；但過分關注自尊，無論正面還是負面，是一個陷阱。這會延續自我評判的心態，往往會導致痛苦的根源。

我常接觸很多大一新生和在適應大學生活期間感到自尊降低的學生。很多學生的身分認同是基於跟高中同學相比，取得很高的學業成就，但上了大學後，身邊圍繞著其他成績好的同學，自尊便崩塌了。研究自尊和自我慈悲的專家克莉絲汀．娜芙（Kristin Neff）從這個過程中提出幾個關於自尊的關鍵問題：

- 不穩定，因為自尊仰賴從周遭環境接收的資訊，而且是會改變的
- 自尊涉及比較自己與他人，常常使人感到「不如他人」
- 會造成一種心態，你的注意力會被訓練來評判自己，而非享受生活[15]

替代方法是學會用鼓勵、積極和友善的方式對待自己，絲毫不帶任何評判和比較。經由練習，你可以用朋友而非法官的身分與自己相處，會關心你的體驗，並且以支持的方式給予幫助。

這本書是給誰看的？

現代人常常不習慣自我對話，但不代表他們處境相同。這往往與程度有關。你可以把自我對話的考驗分為輕微、中等和重度等級，並呈現不同形式，包括懷疑自己的工作能力，和同儕進行負面的比較，或內化別人對你的不當對待、虐待或「他者化」。自我批判可能一直都在，像是你的背景狀態，或者像暴風雨或襲擊般突然發生——無論是出乎意料，還是在大考、報告、社交活動抑或表演相關的情況下。又或者作為一個照顧者，你可能會自我批判，同時擔心自我批判為你的伴侶、小孩、學生或患者帶來的影響。本書提及的觀念和練習可能有助於各種情況。下述是不同程度的自我批判可能運作的一些方式。

輕微

你深信自己想用善意和鼓勵對待自己，但情況不總是如你所願。有時候你會回到過去批評自己的舊習慣。你可能想過要嘗試自我對話並進行到某個程度，卻不知道下一步該怎麼做。你希望獲得更好的成效，也打算要努力。（「我真不該這麼苛求自己。」）你的生活中有很多事都一帆風順，所以嘗試自我對話讓你感覺莫名其妙，像是沒有必要的自我破壞，有時候也會感到煩躁。即使你不會用言語羞辱自己（例如：「你真懶！你太胖了！」），你也可能會有一種難以擺脫的感覺，覺得自己不夠好、做得不夠多，或沒有達到應有的標準。如果你有這類的感覺，你就可以採納一、兩種新方法。

中等

自我對話在你的生活中是個艱難挑戰。你的大腦會對你的所作所為進行現場評論，並且跟想像中的理想對象進行比較。你列舉了一堆不喜歡自己的「精選」清單，重複隨機播放。你認為自我批判是你人格特質的一部分。（「我對自己要求非常嚴格。」）你不確定在沒有自我批判的情況下是否認識自己，即使一部分的你也發現自己有過度自我批判的傾向。你還是設法度過每一天，甚至偶爾會覺得怡然自得，但深陷自我對話的困境，會汲取你本來可以用在其他地方的寶貴精力和專注力。你的自我批判可能會導致抑鬱或焦慮的感覺，因為負面的自我評判讓你感到緊張、垂頭喪氣和不知所措。你比較喜歡多點鼓勵、少點批評的想法（除非你擔心自己會變得更懶或缺乏動力），但你不知道該從何做起。

重度

自我批判對你而言是持續且習以為常的事——這是你一直以來的心理習慣，甚至感覺像是你本身的性格，而不是你的行為。多年來，你一直在內心抨擊自己各式各樣的事情，不足和自我厭惡感尤甚。你不喜歡自己的地方似乎是事實，而不是只是一種看法。你不喜歡自己，而且想像不出有不同的感受。你可能一直以來吸收別人的霸凌、侮辱或虐待，即使一部分的你知道自己遭受不好的對待。當然，你並不想看不起自己，但也真的相信自己有著嚴重的毛病和缺點。當事情出錯時，你會不由自主地責怪自己。以友善、溫柔或鼓勵的方式對待自己聽起來簡直就是天方夜譚，甚至讓人有些惶恐。你很可能在自我批判的同時經歷嚴重的抑鬱或焦慮；若是如此，或許你可以向心理健康機構人員求助（像是心理學家、職業臨床社工或精神科醫生），代替或同時練習自我對話的技巧。

如果你認為自己正處於自殘或自殺的風險中，請放下這本書，立即尋求協助（無論是打緊急救助電話、自殺防治專線或前往最近的急診室）。即使只有一點想自殺的念頭（「要是我不在就好了……我現在只想一睡不醒……」），都應該尋求心理健康專業人士的協助。嚴重的自我批判會讓你感到孤獨和難受，但在正確的工具和幫助下，你是可以康復的。

作為被視為不夠好或「他者」的人

時而直截了當，時而隱晦，存在「正確」觀念和生存方式的文化現象比比皆是。家人、老師、同儕或大環境可能已經長期灌輸你不夠好的觀念。比方說，媒體報導經常強調一個被接受和認同的狹小範圍，以白人、異性戀、男性、順性別、身材苗條、四肢健全、精神正常、沒有心理問題、年輕、富有為優先，並深植於主流文化中。即使有意識地察覺社會經濟不平等，以及媒體和大環境賦予那些具有與生俱來特質的人資源和關注的方式，同時邊緣化和懲罰被視為「他者」的人所造成的損害，可能也無法阻止人們將這些負面訊息內化。像賴瑞・楊（Larry Young）這樣的正念導師將「他者」的感覺（楊認為這種「他者」源自於一個人的文化背景和性取向）視為巨大的痛苦根源，也是以自我選擇的全新方式好好跟自己相處的起點。[16]

作為照顧者

看到他人的自我批判或試圖改都可能讓人感到非常沮喪。你知道這對他們毫無幫助——事實上，自我批判會削弱他們的自信。然而，僅僅是指出事實（「你似乎真的很看不起自己」），或試圖用自己的意見「導正」自我批判（「我覺得你很棒呀！」）似乎沒什麼用。你可能碰過就是無法相信自己的學生，對於自己「擅長」什麼、「不擅長」什麼的想法根深蒂固的青少年，或常常批評自己的親密朋友或伴侶。如果你是一位心理治療師，很可能已經注意到自我批判會加深壓力、焦慮和抑鬱的傾向——但你可能不知道有什麼經科學證明的具體技巧，可以直接有效地解決自我批判的問題。

我們為何會習慣自我批判?

大量證據表明自我批判會導致壓力、焦慮和抑鬱，但我們中仍有許多人不斷進行自我批判，這似乎真的很奇怪。我們是怎麼走到這個地步的？雖然看起來像隨心所欲的自我破壞，但自我批判其實是合情合理的結果，反映我們正常的學習過程和生存本能。下述是導致自我批判形成的諸多因素：

- 消極偏見：人的大腦和神經系統使我們的注意力和反應偏向環境中的潛在威脅，對於中性或愉快的刺激反應較溫和。心理學家瑞克・韓森（Rick Hanson）形容人的大腦就如同魔鬼氈，將負面經驗牢牢黏住，遇到正面的經驗則像是不沾鍋，轉眼便忘得一乾二淨。[17]不幸的是，我們的大腦是通過激發壓力反應來做出反應，不只在面對具攻擊性的牛羚，還有我們自我批判的想法。為了消除這種偏見，我們需要反覆練習把注意力導回到中性和愉快的經驗上。

- 自我保護：對自己嚴格就像穿上盔甲，其他人說的話都不可能像你內心對自己的攻擊一樣傷害你。電影《街頭痞子》（*8 mile*）有一幕是饒舌對決。阿姆（Eminem）在歌詞中加入任何他想到可嘲諷自己的話，使他的對手站在麥克風前啞口無言。但持續的自我厭惡所帶來的情緒負擔（焦慮、抑鬱、壓力和減少動力）太沉重，無法保護我們免受他人批評的影響。
- 比較文化和「他者化」：這種現象起源很早。誰最高？誰跑得最快？誰最聰明？誰的身材最好？我們用成績或分數表示誰完成最多目標或得到最高成績。我們有選美比賽、標準測驗、大學招生、音樂和舞蹈徵選會，工作上還有績效評估。雜誌時常刊登人們十分苗條和身材姣好的照片，旁邊搭配能解決你「問題」部位的指示。綜上所述，我們的文化通常給予擁有某些特定特質的人更多資源及正向的關注，同時將各式各樣特質邊緣化為「他者」和「不如人」，身在其中實在很難不吸收這樣的訊息。

- 自謙、自我批判和自尊的文化規範：在我成長的過程中，貶低自己似乎是女性共同語言的一部分，男性則似乎被期待隱藏對自己的批評。崇尚謙虛或自我批判的文化可能會影響人們對自己的看法。[18]然而，自我批判只有在特定情況才會出現，或反映與他人交流的規範，而非一個人的內在信念。[19]
- 虐待和欺凌：我的患者和學生得知兒時受到情感虐待（例如，時常受到大吼、批評、侮辱、忽略或沒有得到足夠的支持和關心）比受到身體或性虐待更容易導致成人後出現相似或更嚴重的心理健康問題時，往往感到很驚訝。[20]自我批判在小時候經歷情感虐待和成人後經歷焦慮或抑鬱間形成關鍵連結。[21]不管是在學校受到恐同霸凌、種族歧視或欺壓，或者受到照顧者傷害，這些記憶都會深植骨子裡。即使我們知道這是錯的，還是會全盤照收，內化這些情緒，並在我們身上重蹈覆轍。建立新的模式需要重新學習——一而再、再而三地練習，以消除多年來的負面訊息。
- 這是一種習慣：心理習慣反應出一種思考類型，也就是「迅速、無意識、自動和毫不費力」[22]，以及反覆實踐和難以控制[23]。專注於自我批判思考的內容，而非它發生的過程是可以理解的；然而，產生自我批判的過程同樣會帶來影響。一組研究顯示「負面自我思考」的過程（也就是慣性行為）帶來的影響，比思考內容本身對人們的自我評價的影響更嚴重。[24]養成自我對話的新習慣，可能會為你帶來轉變。如果你想改變其他習慣，像把一天三杯咖啡減成一杯，雖然感覺上很難，但並非不可能。最初幾天是最難熬的時候，之後就會變得越來越容易。只要反覆練習，你特意建立更健康的新習慣就會開始自行運轉，取代舊有習慣。

自我批判不會激勵我們前進

我認為我們的文化如此沉迷於自我批判還有一個理由。人們往往相信自我批判能激勵自己前進，使他們保持敏銳、專注和負責任。當你在腦中描繪善待自己或鼓勵自己的情景時，可能會看見自己放鬆懈怠的樣子——基本上就是一直懶散地躺在沙發上，吃著夾心軟糖，什麼事情也沒做完。但證據描繪了一幅完全不同的畫面：自我批判會削弱動力，自我鼓勵則讓人充滿動力。[25]你可能會回想過去讓你激發創意、活力或進入心流的畫面，不需要你大吼大叫催促自己趕快完成。如果你擔心對自己友善可能會導致工作品質下降，你可能要留意研究表明善待自己的人在他人看來更能幹、細心，而非相反的評價。[26]

健康的自我對話能促進生活參與（有事情要完成）而非不與人交流。當然，偶爾放鬆或休息一下很重要，但在你的工作和人生其他目標取得進步同樣重要。健康的自我對話不會反映出你內在逃避責任的壞小孩，而會培養腳踏實地、盡責的內在父母，用愛的指導鼓勵你。你可以將建立健康自我對話的過程看作如何學會成為自己慈愛且有效的父母。

慈愛且有效，這種態度可能跟你表現出的友善不同（例如，把慈愛當作溫柔或順從）。你能想像你的內在「主管」從鼓勵的角度出發帶領你前進嗎？金州勇士隊的教練史蒂夫・科爾（Steve Kerr）在中場休息時分秒必爭，結果導致勇士隊往往會在中場休息後的第三節主宰比賽。提供回饋意見是勇士隊在中場時間例行公事的一部分，但回饋只有在提高團隊成績的情況下才有價值，而不是讓球員感到更灰心喪志或綁手綁腳。在中場時間，球員們會觀看上半場的錄影片段，由團隊的助理教練剪輯，他很清楚科爾希望球員能注重在表現好的地方。換句話說，球團教練會藉由鼓勵球員表現好的地方以達到正增強的效果，而不是企圖避免失誤或修正錯誤的打法。科爾注重於增加好的做法是他有意為之的獲勝秘訣。他的管理方式刻意反覆把鼓勵置於批評之前。27

批評有時候能帶來幫助

批評有時候是有價值的，可以是必要且有建設性的方式。自我意識能表達我們生活中更需要注意哪些方面，批判性評價能夠鞭策我們改變，使言行舉止更貼近我們的目標和價值觀，而批評會是該過程的一環。雖然痛苦，但來自人際關係、老師和工作環境的批判性評語仍有助於我們成長。然而，若是以鼓勵的方式呈現，我們更有機會從中成長。

健康的自我批判通常著重於可改變的特定行為，或挑戰自我的一部分，能讓你以不同的途徑順利完成事情。關鍵在於**能帶來幫助的自我批判是出於希望，並非絕望**。比方說，假如我批判自己沒有好好跟住在另一個城市的朋友保持聯絡，我可以注重在我想改善的行為上，像是更常傳簡訊、寄電子郵件和打電話給他們；如果我批評自己很邋遢，我可以試著尋求解決方法，像是設定定時器提醒自己在四點半騰出十五分鐘來打理一下儀表。我也有希望自己不一樣但改變不了的地方，在那些情況下，我可以嘗試更心平氣和地接受自己一些討厭的特質（愛吃甜食和善妒）。

重點在語氣。如果自我批判聽起來激勵人心且友善，而且反映出你內心最深切的目標和價值觀（「嘿，我覺得你需要先算一下這個月的預算，少花點時間玩手遊。」）這可能會有幫助。但最好避免包括侮辱甚至巧妙地暗示你很糟糕、有毛病或不如人的自我批判。（「你到底有什麼毛病?」）任何對你進行人身攻擊的自我批判，沒有讓你產生想改變的念頭，或至少善意地接納你的缺點，那大概不適合你。

對抗「內在評論者」的方法

「內在評論者」是訓練來對你其他地方或自身進行評論的部分自己，在自我對話這個主題中，這個概念近年來變得很重要。有些人推薦將內在評論者想像成一個特定的人物或怪獸。這個概念在於如果你能在腦海裡描繪出內在評論者，你就可以將你的自我批判看得更清楚一點，或許還可以進行對話，為自己辯護或選擇一個不同的敘述者。或者你甚至可以嘲笑你的內在評論者，不把他對你的批判當一回事。

將批評模式看作心理現象而非事實，從而變得較不認同腦海浮現的批判念頭，確實有其價值存在。用文字表達自我批判的感受同樣能讓事情變得更好。神經科學的文獻中寫道：「叫得出名字就不怕。」這句話反映了研究顯示將真實的詞語搭配不知所措的感覺，有時候能幫助我們調節情緒。[28]

儘管在某些方面有用，將「內在評論者」視為邪惡、愚蠢或應該忽略的部分（「叫那傢伙閉嘴！」）還是有著潛在的缺點。簡單地說，這種做法會助長你內心的敵對關係。你可能會忽略某些重要訊息（例如，反映你本身價值觀和行為之間衝突的自我批判）。但更重要的是，輕視你的「內在評論者」會積累更多批評。你會開始陷入「噢，我討厭自己的這些地方……噢，閉嘴，你這個討厭的批評鬼！你太吵了，一點幫助也沒有！我受不了一直批評自己了」的對話迴圈中，最後，抨擊內在評論者會變成另一種抨擊自己的形式，同樣會導致壓力大和不開心。

那我們還能怎麼做？雖然聽起來可能很怪，但除了定期加強健康的自我對話外，更好的作法是在自我批判發生時，以善意、好奇和客觀的心情看待批評本身，而不是透過批評自己自我批判的習慣增加更多批評，健康的自我對話會平息早已存在批判自己的聲音，培養與自己相處的新方式。

自我對話訓練、正念與冥想

自我對話訓練是正念的一種形式嗎？沒錯。更加意識到自我對話並用新的方式與自己相處，是反映正念核心概念的過程，有時候也會被定義為**有目的且不作評判地關注當下**。正念的培養往往在冥想期間，專門用於專注練習正念技巧的特定時間。有些冥想練習和傳統像是慈心禪（詳情見第五章）是直接培養和自己及他人相處的友善態度，然而許多其他的冥想技巧似乎也有降低自我批判的效果，部分是透過訓練自己觀察想法和感受，不作任何評判或反應。儘管人們冥想的原因五花八門，但減少自我批判是眾所皆知的好處。如果你有冥想的經驗，你很可能早已開始練習觀察在你內心是怎麼對待自己的，包括面對失望和挫折的反應。冥想的人常會注意到在冥想的時候出現自我批判的想法（例如，批評自己在靜坐時心不在焉）。利用冥想技巧以不帶評判的方式觀察批判本身，避免陷入其中，有助於減少自我批判。由於已有很多正念導師在自我對話方面提出深思熟慮的解決策略，本書同時包含了他們一系列見解與觀點。

冥想練習不一定會受到每個人青睞，你也不一定要是會冥想的人才能從本書中尋求解方。本書還包含其他改變自我對話的方法，例如認知評估或有意識地以不同角度看事情（第二章）和行為活化，優先考慮並加強健康的行為（第四章），因為自我對話導致的劇烈變化可以經由各種不同的途徑發生。然而，我真的非常熱衷於練習冥想，尤其它本身就是一種結構完善、可反覆進行且有效改變自我對話的方式。剛開始冥想時往往充滿了挑戰，初學者通常會因為很難進入冥想狀態而產生自我批判的反應，會覺得自己不適合冥想。然而我們可以透過冥想以不同的方式表達自我批判。引導自我批判的走向似乎會阻礙冥想，但這是整個練習中的重要部分。經由冥想減少自我批判的方法一部分是透過反覆練習心平氣和地注意分心、無聊和懷疑甚至自我批判的念頭，同時不要批評自己出現上述感受。冥想會訓練你的大腦不再想著自我批判，幫助你重新培養專注力，避免你陷入習慣性思考模式。

健康的自我對話不代表一直感到快樂

釋一行禪師講述只有當我們知道如何受苦，所受的苦才會減少。他寫道：「倘若我們知道如何對待痛苦，不僅會大大降低所受的苦，還會為我們生活周遭及這個世界創造更多快樂。」[29]我很喜歡這段話帶來的教誨，因為它並未承諾使我們在生活中所受的苦完全消弭這個不可能的結果。但「大大降低」所受的苦？我接受。

「正向自我對話」這個概念會讓人們以為他們應該一直都很快樂。甚至會在人們不快樂的時候導致自我批判的反效果。但擁有全方位的情緒是健康且人性化的。在《傾聽靈魂的聲音》一書中，湯瑪斯．摩爾（Thomas Moore）提到打開完整情緒調色盤的重要性，除了歡快的色調外，也包括灰色、藍色和黑色調。[30]健康的自我對話不代表要蓋掉所有討厭的顏色，只是要有效且平衡地管理這些顏色，不讓它們霸佔每一張畫布。

我認為部分混亂源自於心理健康領域本身：概念是如果你存在「問題」，像是焦慮或抑鬱，就代表你本身有問題需要處理。我非常鼓勵人們尋求心理健康問題的支持和有效治療，但也希望人們（和提供他們醫療的專業人員）可以減少對不愉快情緒的批評。不知道為什麼，一個「沉穩」或成功的人會跟沒有抑鬱、焦慮或其他負面情緒聯繫在一起。但身而為人代表有時候會有負面或複雜的情緒，正如我們大多數人一生中都會遇到身體健康出狀況的時候，像是感冒、流感、皮疹、扭傷，以及有時候會感到身體僵硬，我們為什麼期待心理健康方面就不會出現問題？

自我對話的旅程很常見。聰明、成功、令人敬佩的蜜雪兒．歐巴馬（Michelle Obama）看起來很有自信，但就連她也是有過一段經歷才到達今天這個地步，而且她強調現在她仍然處於這個過程中。她在二〇一八年出版的自傳《成為這樣的我》中，描述自己連續好幾十年來始終擔心「我夠好嗎？」並透過尋求他人認同來激勵自己。她表示她的擔憂因為將種族不公的很多方面內化而加劇，包括在黑人社會流傳已久的俗諺：「你要努力變得加倍優秀，才能取得別人一半成就。」反映出的觀念。她記得高中的輔導老師跟她說過，她似乎不是「讀普林斯頓大學的料」，她也訴說作為普林斯頓大學禮堂和其他環境下唯一的有色人種讓她精疲力盡。在她成為名人後，她感覺受到媒體提問的貶低，表露出她是「他者」的感覺。她漸漸地意識到她的自我對話「激起她自己最負面的部分」。她分享道，最後她透過回答內心的聲音解決一直以來的自我質疑。不是讓「我夠好嗎？」這個問題揮之不去，等待她的行為受到外部認可，而是開始回應內心的聲音。她內心的對話變成不只是「我夠好嗎？」而是「我夠好嗎？是的，我確實夠好。」[31]最後，她闡述這種自我對話如何向外投射並激發她打算制定計畫改善青少年的健康和快樂，尤其是來自邊緣群體的孩子。「你夠好嗎？是的，你夠好，你們都一樣！」[32]

鍛鍊你的自我對話實力

幾乎每個人都能經由定期地身體鍛鍊獲益。為了有健康的身體，花時間和精力用於鍛鍊是理想的選擇。我們無法改變一切，不能靠運動長高四吋或讓頭髮變捲，但我們可以藉由持續鍛鍊，擁有強壯的體魄，變得更精力充沛且靈活。

但為什麼心理鍛鍊似乎如此不同？人們通常會假設他們的心理習慣更加固定——能反映一個人的基本個性。考慮到我們的文化對學習和教育有多麼重視，這個假設有點奇怪，因為上述活動反映出我們思考的方式有可能改變。雖然有些個性要素確實會隨著時間推移漸趨穩定，但證據顯示心理習慣是可以改變的。比方說，丹尼爾．高曼（Daniel Goleman）和理查．戴維森（Richard Davidson）合著的《平靜的心，專注的大腦》一書中強調正念訓練的具體概念可以改變我們自認為固有個性的部分——並產生重大變化，例如在壓力大的情況下變得更冷靜或有不同的反應。[33]

我開始在西雅圖大學開設「正念技巧：科學與實踐」課程時是在夏天，只有一些學生和機構還留在學校。我第一組學生幾乎全是棒球選手。我的學生每天在課堂上練習自我對話的技巧，然後帶著新的練習去到球場上。他們在報告中提到這些練習讓他們「打得比以往更好、更自由」，因為他們更專注於當前的球，而不是帶著厭惡自己上一球表現的情緒扔球。而且他們深切地了解持續不斷練習的價值所在，不管是棒球還是自我對話。我也教過一群護理學生自我對話的技巧，透過激勵人心的自我對話幫助他們學習大量的新資訊和臨床技術，還有在資訊產業工作的女性，希望在自己內心和工作環境中得到支持。

何不嘗試一些新方法來改變你的自我對話，尤其是每天只須花五到十分鐘的訓練？你可以從「我真該對自己好一點」的想法中跳脫出來，合理地反覆做讓心裡產生變化的練習。在跨越不同年齡、職業和背景的研究中，有證據顯示我們確實能改變自我批判傾向，好好跟自己相處，而往往要經過幾個禮拜的練習才會出現重大改變。藉由每天刻意重複特定的技巧，健康的自我對話會成為你的行為規範，減少持續的自我批判。記得行動勝於意圖，真正身體力行才重要。

下一章將探討六個訓練自我對話「實力」的方法。雖然本書把自我對話的策略當作個別技巧介紹，但這些策略都可以共同進行。你可以只選擇一種方法，或結合好幾種不同的技巧。比方說，研究顯示練習自我慈悲（第五章）可以提高認知評估（第二章）。[34]我希望你能選擇最喜歡的兩到三個練習，設定好時間和地點不斷反覆地練習。一旦你養成練習自我對話的習慣，可能會換一個策略，或把一個新方法加入原本的訓練計畫。

安排一個時間，再找個地方練習自我對話，會大大增加你實際做這件事的可靠性和穩定性。我的朋友艾利每週都會利用走路去工作的十五分鐘路程，練習他「友善」的自我對話（詳情見第五章）。他每天的例行公事已有固定的時間和地點。你可能利用淋浴、洗碗或剛起床的時間，可以坐在坐墊或你最喜歡的椅子上。然而，我建議不要在床上練習，因為這個練習的目的是將健康的自我對話融入你每天清醒的生活中。

盡量不要期待每次練習完自我對話後都能有收穫，反而要記住需要大量反覆的練習才能消除多年來自我批判的習慣。即使只是注意到自己有自我批判的傾向，也是改變的良好開始。除了你例行的「訓練」外，在發生自我批判的時候，還可以嘗試這本書中的任何練習。

你做得到。之所以覺得困難是因為你是在對抗自己一直以來的生存方式，違背你的習慣，或許還跟你認為自己辦不到的假設背道而馳。但你應該投入注意力、時間和精力有效地訓練你的自我對話，讓你盡可能擁有健康的自我對話。讓我們從現在開始吧。

1 吸氣，我的朋友；呼氣，我的朋友

十五年前一個狂風大作的冬日清晨，瑜珈課只有我一個人出現。老師並未取消課程，反而大方地給我一堂一對一授課。她的教學方法讓我感到新奇，將友善和自我慈悲的概念融入瑜珈姿勢中。她建議我呼吸時可以藉由默念「吸氣，吾愛；吐氣，吾愛」將善意和鼓勵注入我的呼吸之中。這個練習是有意識地注意當下的呼吸（告訴自己吸氣，然後吐氣），溫柔地跟對自己的稱呼「吾愛」結合起來。這個練習是一個啟示。我注意到這個練習能迅速讓自我評價消散（「我的姿勢正確嗎？」），並且將瑜珈運動本身重新定位來自於愛的泉源。

我接受「吸氣，吾愛；吐氣，吾愛」的概念，馬上付諸行動。這句話對我來說變得有點像咒語。這個練習有很多令人喜愛的地方。首先，它很短，一口氣就能唸完。很簡單，任何時候都可以練習。我開始每天早上冥想時都會默念這句咒語，一整天都沐浴其中。搭電梯時、剛起床時的幾次呼吸，或在我感覺艱難的時候。這句話甚至會不由自主地浮現在我腦海中。默念「吸氣，吾愛；吐氣，吾愛」有助於我在靜坐時調整呼吸，不要忘記我開始冥想的原因全是出於愛——誠摯地希望好好照顧我的心靈。

「吸氣，吾愛；吐氣，吾愛」幫助我從原來的自我厭惡轉變成自愛。當我開始這個練習時，有種為我自己和他人補充內在關愛的感覺。這句話激勵並鼓舞了我，成為容納我內心體驗的容器，是我與自己相處的關鍵。雖然自我批判還是在我感到挫折和不知所措時頻繁出現，但「吸氣，吾愛；吐氣，吾愛」這句咒語對這個狀態中的我很有幫助。

我把這個練習放在第一章的主要原因是因為它很短，一口氣就能說完，而且完全不需要任何計畫。其簡潔有力有種特殊的魔力。我的學生告訴我，他們明白這句話多麼好記和執行，即使是要進行一段讓人感到畏懼的長時間冥想也毫無壓力。正如心靈導師艾克哈特．托勒（Eckhart Tolle）指出：「只要一次有意識地吸氣吐氣，你的生活將開拓一個不同的層面。」[1]

不用改變呼吸的習慣，只需要注意呼吸感覺最強烈的部位，可能是你的胸膛、腹部或鼻孔。一旦你找到感覺的所在位置，就能真正的去感受它。由於這個練習的概念在於培養舒適愉悅的良好基礎，最好不要花心思去感受身體不同部位跟呼吸有關的感覺，只要專注於感受呼吸最強烈的地方。

聽起來像老生常談，但有意識地注意呼吸可以真正鍛鍊你的大腦和身體。有意識的呼吸會改變大腦面對壓力的反應，有助於降低罹患抑鬱症的機率。[2]例如，某個研究顯示進行五分鐘的正念呼吸會降低受試者的心率、血壓和自稱的憂慮程度。[3]注意呼吸會抑制杏仁核的活動，刺激前扣帶和前額葉皮質層，並促進杏仁核及前額葉皮質層產生連接。[4]活化的皮質區可以透過更大程度有意識地控制想法和情緒來幫助調節壓力。[5]基本上，透過有意識地專注於呼吸，大腦選擇有意識專注於呼吸的區域（皮質層）似乎能與大腦反應恐懼、壓力和潛在威脅的部分（杏仁核）溝通並冷靜下來。

這個練習帶來的五個幫助

當我思考「吸氣，吾愛；吐氣，吾愛」練習（或你比較喜歡「吸氣，我的朋友；吐氣，我的朋友」，以下有更多範例）可能還有什麼重點時，我至少想到五個不同的幫助。

友善

稱自己「吾愛」或「我的朋友」會構成以仁慈、友善和鼓勵的態度與自己相處的框架。友善的感覺很廣泛，足以讓你了解到情況真的很艱難——甚至很糟。但這句話有助於我們獲得一種深厚的情誼，不期望時時刻刻感到快樂，並非那種虛假的「只要保持正向」的友情。所以，當我對自己默念「我的朋友」或「吾愛」時，便加強我想跟自己建立的關係，以及可以培養這種關係的自我對話。

友善地對待身體

「吸氣，我的朋友；吐氣，我的朋友」練習第二個驚人的要素是把注意呼吸和親切的自我對話相結合。感覺像是在對自己的身體進行對話，而不是只在腦海中徘徊。藉由默念「吸氣，我的朋友；吐氣，我的朋友」這句話可以親身體會善待自己的感覺。一個學生表示：「在呼吸的時候默念『吸氣，我的朋友；吐氣。我的朋友』使我感覺能主宰我的內心和身體。這個疼惜自己的練習能讓我在壓力大的時候保持冷靜，重新集中注意力，它已經變成我日常的一部分。」

我最近在聽正念大師釋一行禪師演講的問答環節。[6] 一名與會者問道：「要怎麼愛自己？」感覺這個人在愛自己這件事上有所掙扎，就跟很多人一樣，他們蒙受自我批判和低自尊的困擾。我期待一行禪師的回答能涉及內心，而非只停留在對身體的疼惜。或許這是我接受西方心理學訓練的偏見或在西方文化長大緣故，但我想當然地認為他會給對自己想法或感覺糟糕的人如何好好看待自己的建議。

然而，一行禪師並未建議他如何用不同的方式思考，反而提供友善注意身體感覺的方法。他藉由描述他是在靜坐期間，以溫柔、充滿愛意的方式向他的身體打招呼：「我有一個身體，你好呀，身體。」接著描述觀察身體感覺的方式，包括呼吸。從他的話中，深深觸動我的是他示範如何對自己的身體說話，語氣溫柔和藹、有耐性，並且懷有深深的敬意，毫不著急，這是無法用言語表達出來的。不難想像他對身體的關愛是怎麼投射到他的想法、情感、和他人的互動，以及愛自己的全部之上。

和自己培養友好的關係聽起來似乎遙不可及。不管你面對的是自我批判或其他困境，從痛苦而非中立的地方出發很常見。好好跟自己相處通常是一種需要隨著時間推進的學習過程。你可以建立善待自己的時機，逐漸累積成可掌握的選項——一種面對每天紛亂雜沓的思緒、感覺和艱辛的新方式。我從賽班・塞拉西（Sebene Selassie）身上得到啟發，她也是一名正念導師，曾經戰勝乳癌，挺身反抗種族歧視。她鼓勵道：「治癒不只是阻止疾病或情況惡化；而是學習每時每刻在我們的身心靈中培養輕鬆和幸福感。」[7]

活在當下

「吸氣，我的朋友；吐氣，我的朋友」吸引我的第三個要素是它強調當下，也就是發生在當前的這次呼吸。人的一生中有許多困難。人際關係會產生麻煩的誤解或痛苦的衝突，或許還會從此不相往來。人會生病，也會死亡。大量的工作會導致壓力，無論有沒有薪水可拿。有時候似乎無法想像你是怎麼忍受這麼長的一段時間、這一個禮拜，或者只有今天。這個呼吸練習邀請我們跳脫「以天計算」的常態，只專注於呼吸的這個當下，這會使情況似乎變得比較能夠忍受。

「吸氣，我的朋友；吐氣，我的朋友」反映了呼吸冥想的練習，把注意力放在呼吸上（此時此刻，當下的呼吸），當你分心時，就把專注力拉回呼吸上。但練習「吸氣，我的朋友；吐氣，我的朋友」比呼吸冥想簡單得多，因為你不需要一直注意自己的呼吸，只要專注於當下的呼吸。如果你連續練習幾次呼吸，可能會產生更大的效果，但你不需要這麼做。如果你沒有意願，也沒有一定要練習超過一次呼吸的壓力，這點感覺還不錯。就算只有一次呼吸也有幫助。

心平氣和地調節呼吸

「吸氣，我的朋友；吐氣，我的朋友」第四個有益的要素是默念這句話的時間可以改變呼吸本身的長度和品質。當你壓力大的時候，呼吸容易變得急促短淺，甚至會不由自主地屏住呼吸。除了這句話本身的善意外，需要幾秒鐘的時間來複述這句話也會干擾急促的呼吸節奏。有充分的證據表明深呼吸可以減輕壓力，即使大家都知道這個簡單明瞭的道理。[8]「吸氣，我的朋友；吐氣，我的朋友」這個練習就像是在做深呼吸的動作。這句話似乎也適用於其他語言，不管你是說「inspira, amico mio; espira, amico mio」還是「inhale, my friend; exhale, my friend」。

有時候注意呼吸會讓人感到更焦慮。經歷焦慮或恐慌的人偶爾會表示呼吸練習讓他們感到壓力更大，因為放鬆呼吸讓他們更加緊張與掙扎。焦慮有時候也會產生強烈的生理反應，像是呼吸困難。患有恐慌症的人會出現呼吸短淺或換氣過度的症狀，通常專注呼吸的練習對他們沒有幫助，因為正是無法呼吸的感覺令他們感到難受。在上述情況下，使用分散注意力的方法（像是從三十開始倒數，或注意你所在房間中的十件物品）使呼吸、思緒和身體平靜下來往往會更有幫助。

由於「吸氣，我的朋友；吐氣，我的朋友」練習只持續一次呼吸，所以如果呼吸冥想對你沒有幫助的話，這個練習不用太過注意呼吸本身。反之，這個練習只會讓你意識到自己正在呼吸這件事。一個學生表示：「『吸氣，我的朋友；吐氣，我的朋友』是我做過的呼吸冥想中，唯一沒有讓我比開始前更焦慮的練習。呼吸練習一直以來在我內心留下『失敗』的印象，因為當我覺得自己的呼吸被某人或某件事掌控時，就會開始恐慌。」這個練習的目標是讓你好好地專注於一次呼吸，沒有任何改變呼吸的壓力。如果你的呼吸碰巧變得舒緩，那是額外的好處，但你不需要嘗試改變呼吸。

對抗消極偏見

「吸氣，我的朋友；吐氣，我的朋友」可以增加幸福感的第五個要素就是將注意力從當下的外在壓力轉移到內在因應的潛力。身為人類，我們偏向在威脅、問題、負面情緒和可能出錯的事情上投注較多注意力。那不是我們的錯——也不代表你是個「負面的人」，或沒有好好地面對生活。這正是大腦進化的方式。作為存活的機制，消極偏見使我們對環境中的威脅很敏感。雖然注意力偏誤可能會增強我們的生存能力，但專注於壞事的習慣會損害我們的幸福感。

神經科學家兼正念導師瑞克．韓森建議擺脫消極偏見需要有目的的反覆訓練。「吸氣，我的朋友；吐氣，我的朋友」可以作為練習的一環。我越常練習「吸氣，我的朋友；吐氣，我的呼吸」，越感覺到內在力量的增加。持續進行這個練習幾年後，我發覺自己的內心就像經過鍛鍊的強壯肌肉，有能力應對各種狀況。只要我能呼吸，並在腦中默念這句話，我的頭腦就會保持清醒。我在召喚一個內在根基或庇護所，可以使我撐過任何時候的壓力。

這個練習幫助我用更輕鬆的心態解決三個小孩的生活起居——他們常在同一時間向我提出各種要求。在開始這個練習以前，光是要滿足每個人早餐想吃什麼的願望就會讓我心累，也許是因為我得一邊抱著寶寶，一邊煮咖啡，同時為自己準備吃的。但有了這個練習，隨便做點東西當早餐就成了我每天最喜歡的時光之一。即使我現在沒有足夠的時間在早餐前靜坐，但我可以一邊練習幾次「吸氣，吾愛；吐氣，吾愛」一邊做早餐。我很驚訝即使為另外三個人爭分奪秒地準備早餐，這個自我對話的技巧還可以同時騰出一些身心靈空間照顧我自己。做完這個練習之後，我只剩下心平氣和及快樂的感覺。

核心練習

你可以從試著感受體內呼吸的感覺開始。一旦準備就緒，你就可以開始配合自己呼吸的節奏默念這句話（「吸氣，我的朋友；吐氣，我的朋友」）。或者，你也可以先默念這句話，讓你的呼吸跟著你的話起伏，如果你覺得這樣比較簡單的話。你可能會發現這句話及其含意與你的身體感覺「同步」。你也可以自行把「我的朋友」替換成任何代稱，像是「親愛的」、「吾愛」、「孩子」，甚至是自己的名字。你可以嘗試每天撥出幾分鐘專門練習這句話，甚至每天默念這句話，做為引導呼吸的練習。你不需要改變呼吸的習慣，只需要注意呼吸的身體感覺，好好地去感受。

學習注意並擺脫大腦的預設模式

「自我對話」反映了大腦源源不斷的評論——充斥著自我批判、擔心和無法擺脫的念頭。事實證明，源源不斷的評論是由大腦某個稱為預設模式網路（Default Mode Network, DMN）的特定區域所產生。即使你對預設模式網路一無所知，或不曾使用這個名稱，但它可能就是你看這本書的原因。這個網路會將我們的心理體驗設定為「預設」模式，除非你有目的地透過心理練習加強大腦其他網路的功能，它很可能會持續運作。

預設模式網路指的是當你什麼也不做、或是沒有從事特定的任務時，你的大腦會由一組區域共同掌管。如果你只是在消磨時間、走路、做家事、沖澡等等，你的大腦皮質層很可能以這種特定的方式運作。在那些情況下，預設模式網路可能會開始播放「前四十名」的反芻思考，大部分跟你和你的生活有關。

你可能會很驚訝，我們的大腦在好像什麼事也沒做的時候相當活躍。就連發現預設模式網路的科學家馬庫斯．賴希勒（Marcus Raichle）博士也備感震驚。

「誰也想不到大腦在我們放鬆時就跟專注解決難題時一樣忙碌。」他解釋道：「然而，在我們放鬆的時候，預設模式網路卻是大腦最活躍的區域。」[9]

預設模式網路關注的是我們的實質生存處境，以及可能以某種方式傷害我們的潛在威脅。我們擔心沒完成的任務（我得去看牙醫，再去銀行辦事）；我們會為自尊受到真實或想像中的威脅而苦惱（要把部門主管加入收件人中嗎？如果我沒寄給她，她會生氣嗎？）。預設模式網路的溝通很自我中心，它會促進一種心態：「這個時候對我和我的生活有什麼意義，我今天心裡在想什麼？」自我中心可能是因為進化的緣故——一種基本監控我們整體生活的基本趨勢，尋找可能影響我們的問題。這種心理活動對計畫未來也很有用。而有時候一連串相關的想法、感覺和記憶可能很有趣或珍貴，但有時候我們會有卡關的感覺。事實上，預設模式網路的活躍情形和抑鬱及其他心理健康問題有關。當我們全神貫注在一項任務，而且有專注、參與或「心流」的感覺時，就像是鬆了口氣。在專心一致的過程中，預設模式網路會變得沉靜下來，其他的注意力網路會變得更活躍。

好消息是練習正念技巧，包括騰出特定的時間練習關注自己的呼吸，可以改變與預設模式網路相關的短期和長期的心理模式。我的學生告訴我一旦他們了解預設模式網路，他們就可以在進入這種模式時開始觀察，並且學會藉由盡可能投入當下來擺脫這種模式。經過幾週的練習，他們不僅更能發現自己進入這種模式，還可以讓自己較不容易深陷其中。

「吸氣，我的朋友；吐氣，我的朋友」提供一個可以打斷預設模式網路運作的方式。這是一個可以重新調整對當下注意力的重置按鈕，而且隨時都可以使用。這個方法有實際的幫助，而非僅僅是個句子。當你從事這個練習時，可能會發現你更常把思緒放在肩膀以下的身體部位，較少停留在大腦原本思考的區域。

在課堂上練習時

當我開始把這個練習融入正念、自我慈悲和建立心理韌性的課程裡時，我用的是「吸氣，我的朋友；吐氣，我的朋友」這句話。我覺得稱自己「吾愛」會讓學生覺得太老土或厭惡，他們都是有高度自我批判程度且很少好好對待自己的人。我也意識到研究文獻表明害怕自我慈悲和對自我批判有依戀會形成疼惜訓練的強烈阻礙。[10] 當你存在某種心理習慣（例如非常苛責自己）時，某個好心的朋友或老師要你試圖改變並不容易。

所以，我決定將修改後的「吸氣，我的朋友；吐氣，我的朋友」這句話作為建議的作法，並告訴我的學生隨時可以將「我的朋友」替換成「吾愛」、「親愛的」、他們自己的名字或任何讓他們感到親切的叫法。同時提醒他們可以替換成任何喜歡的語言。我向我的學生做了個興趣調查：稱自己為朋友是什麼感覺？

「吸氣，我的朋友；吐氣，我的朋友」的練習在我的學生間形成一種流行。這個練習並不適合每個人，有些學生表示他們對用第三人稱稱呼自己感到不自在，或表示他們更喜歡別的練習。還有人對這句話「仍有點不習慣，還需要一點時間熟悉」。但很多學生認為這是他們上我的課學到最有用的練習之一。在期末班會上，他們往往會把這個練習列入「持續練習計畫」的作業中，作為課後計畫持續練習的技巧。

學生描述這個練習其中一個好處，就是能幫助他們調節壓力和其他困難的情緒。一個學生寫道：「開始這個練習後，我感覺內心變得較平靜。我較少生氣了，也不容易感到煩躁。」另一個學生觀察到他在踢球的時候，這個練習是如何幫助他減少焦慮。「我在罰球時練習『吸氣，我的朋友；吐氣，我的朋友』這句話，真的讓我鎮定下來！」最後，第三個學生評論道：「最近我常常練習『吸氣，我的朋友；吐氣，我的朋友』，到了決賽週時，我的心態便已經完全轉換過來。」

學生還說：「吸氣，我的朋友；吐氣，我的朋友」能有效減輕自我批判傾向。例如，有人表示：「我在舉重和比賽場合中是個完美主義者。我意識自己會在表現不如預期時感到很煩燥，於是我試著以朋友的身份與自己對話。正向的自我對話事實上讓我表現得更好了，而我也不再對自己感到那麼失望。」

徹底重置自我對話

我把「吸氣，我的朋友；吐氣，我的朋友」當作一種徹底重置自我對話的裝置，但不代表這個練習很簡單或能夠立竿見影。也許對你來說，先從這個練習的兩個重點，也就是呼吸或自我對話中選擇一個開始，會比較容易一些，你可能會先注意並嘗試感覺更容易的部分，同時注意感覺更難的地方。如果你這些年來都是匆忙度日，努力變得更好並把事情做好，當你終於慢下來，重新與自己的身體連結時，會有一段適應期。甚至可能會讓你感到不舒服，不論是生理還是心理上。

你可能會想自己跟身體進行怎樣的連結。在身體不感到疼痛的情況下，不怎麼注意身體的感覺是很正常的，甚至會斷開跟身體的連結作為逃避。一行禪師指出人們通常感到跟自己的身體疏離或覺得擁有這個身體感到很難受，因為艱難的記憶、批判或痛苦。「回到我們的身體並展現我們的關心、注意和愛是很重要的。」他寫道，「我們的身體可能正在受苦，或許被棄之不顧好長一段時間。這也是為什麼我們會產生正念的能量，並回頭擁抱我們的身體。這正是愛的修行的開始。」[11]

在人的一生中，有很多不易察覺和明顯的潮流會影響你呼吸的習慣，還會促成自我對話。你吸收了怎樣的「成功」標準？你的老師、經理和提供醫療的專業人員對待你的方式是否讓你感到肯定，還是讓你覺得不被尊重？你所經歷重要的方面是否很好地呈現在電影、電視和其他媒體上，或是沒那麼常見？隨著時間推移，關於你身上哪些地方為人接納、哪些地方不被認同逐漸被完全理解，即使那些訊息是錯的。在一個表示你「不太對」或「不如人」的文化中，很難舒適地呼吸、活在當下，並成為自己的朋友。

我在高中時期常常感覺自己「不如人」。我是那種成績落在B+／A-的學生，讀的是大學預備學校（說真的，我的學校就叫這個名字）。我常常把注意力放在「進入一所不錯的大學」上，優先考慮未來成就而非當下的心態，將成就等同於自我價值。這個心態一直跟著我到大學畢業後，讓我很努力地度過研究所的層層關卡。我想要變得「夠好」，不只是心態上，還希望能被未來的雇主看到。我知道怎麼按部就班地做好一成不變的工作，卻不知道該怎麼心平氣和或知足地過生活，怎麼放鬆地呼吸，好好對待我自己。我的生活不再以自己為中心，而是繞著我的工作轉。

研究所畢業後，我開始摸索瑜珈、冥想和跳舞，當作把注意力放在我的身體上的方式，試圖活在當下。每堂瑜珈課結束時，老師通常會以大休息結尾，那是一個我應該要靜止不動躺平的動作。瑜珈老師會引導我們開始進行漫長的「身體掃描」，她引導學生輪流注意每一個身體部位，包括每一根腳趾頭。這個練習讓身體感覺非常舒服。我可以感覺我一部分的大腦想著：「每一根腳趾頭？真的假的？我還有事要做！」另一部分卻很高興只需要躺在那裡，跟隨指令去集中注意力，不用想著要做得更好。

隨著時間推移，我努力與當下的身體感覺產生更多連結。練習變得容易許多，如此一來，現在的我即使遇到困難也能進行這個練習。我可以好好地一直重新和我的呼吸及身體連結，特別是搭配默念「吸氣，我的朋友；吐氣，我的朋友」。

心理治療的運用

我在為患者進行療程時，常常使用「吸氣，我的朋友；吐氣，我的朋友」練習作為我們兩人的共同目標。我希望能以寬敞的心胸傾聽，而非試圖把一個人的經驗分門別類。我把診療室視為一個開闊的地方（讓它就這樣吧），而不是內縮或充滿束縛的地方。當我把「吸氣，我的朋友；吐氣，我的朋友」練習介紹給患者時，聽到了一些有趣的感想。他們跟我分享這個練習幫助他們記得緩慢的深呼吸，讓他們即使在壓抑的情況下，也能保持思緒清晰，並且在他們日常生活中建立善待自己的心態。

當抑鬱、焦慮或創傷的心理治療患者坐下時，我常常注意到他們的上半身僵硬得如同雕像，幾乎看不見呼吸起伏。我發現人們的襯衫或毛衣有輕微的顫動，表示上半身呈現短促的呼吸（肩膀、胸口），下半身則是深沉的呼吸（肋骨、腹部）。人們在不知所措或焦慮的時候，很難放鬆身體呼吸。如果你不得不一直處於不安全的狀態中，你的身體可能會有揮之不去的緊縮感。我能夠同理這些需要忍受這種緊張經歷、導致產生生理和心理壓力的人有多麼難受，在許多的個案中，我會介紹配合呼吸的練習以幫助人們培養新的內在習慣。

在很多環境下，無論是工作、學校或公共場所，強烈的情緒表達是不被允許的。我們不得不「收起這些情緒」，包括屏住呼吸，又或者我們長期處在情緒和身體的緊張狀態中。我發現找個空間能讓我感到放鬆，像是診療室，鼓勵我們不要把情緒收起來，而是包括呼吸在內將其全部釋放。花幾分鐘注意呼吸，就能讓我們開始注意自己的情緒。

有些接受治療的患者對呼吸的注意令我印象深刻。在下述的故事中，我使用化名並改變細節以保護當事者隱私。

傑瑞：情感麻木的呼吸

傑瑞是一名快七十歲的越南老兵。他在戰爭中倖存下來，往後的日子卻只能用酒精麻痺自己的感覺。即使在我遇見他前幾年就已經戒酒了，他還是感到麻木不仁。他向我解釋自己似乎沒辦法感測到任何情緒，他擔心自己已經失去感覺任何東西的能力。傑瑞很後悔沒有在小孩長大的過程中多關心他們，在他們長大成人後，也不知道該怎麼與他們有更多連結。他從未做過心理治療，但他的家庭醫生在聽到傑瑞表示他似乎再也感受不到任何情緒時，轉介他來找我。

發生在傑瑞身上的情感隔離在經歷創傷後是很普遍的現象。在高壓的環境下，忽視自己的情感往往是一種自我保護的機制。隨著時間過去，這個應對策略（無論是刻意還是無意識）會變成一種習慣，就像傑瑞一樣。因為酒精可以麻痺痛苦的感覺，這是很普遍的自我治療方式。但傑瑞建立隔離情感的模式同時，也在他與其他人間築起一道牆。

當我在傑瑞來諮商期間和他坐在一起時，我就知道我的目標是要幫助他傾聽自己的感覺。建立身體感覺的意識往往比建立情感上的意識還簡單。比起準確描述似乎不太清晰或難以觸及的感覺，或埋藏在遙遠經歷和記憶中的情緒，注意當下此時此刻發生的事還比較容易理解。我鼓勵傑瑞找到自己的呼吸，慢慢地專注於呼吸的感覺。

我們開始在療程期間進行五到十分鐘的呼吸練習。這個練習的目的是要讓他注意呼吸時的身體狀態，而不需要改變呼吸的方式。這對他來說是個新鮮的體驗，後來也證實很有效。據他描述，在練習的當下他變得比較平靜，而且很享受呼吸練習。這個練習對他產生了自我強化作用。我不用建議或鼓勵他進行練習，因為他變得渴望以這種方式開始我們的療程。

經過幾次察覺呼吸的療程後，傑瑞的上半身開始沒那麼僵硬了。在八次治療的過程中，他開始慢慢地注意到自己對其孩子們有一種溫暖的感覺，也更深入地探索他的內疚。他描述了希望自己成為的父母和他實際的作為之間的隔閡，並注意到錯過孩子們的成長導致的悲傷和失落。當他開始察覺自己對孩子們和為人父母的更多感受後，他們之間的關係轉變了。我不曾詳細了解發生了什麼變化及其經過，因為退伍軍人事務部指派給我的工作進行了輪換，但我記得他留給我的語音訊息。他向我道謝，並表示：「妳幫助我成為一個更好的人。」

馬丁：拒絕認同身分的呼吸

馬丁還是嬰兒的時候就被人從韓國領養，在主要是美國白人的社區長大。他盡可能地融入，卻總是感到「格格不入」。無論是在電視上、電影中還是他的班級上，都看不到跟他長相類似的人。其他小孩會問他真正來自哪裡。當他開始意識到自己是同性戀後，他試圖扼殺內心真實的感覺。他有另一個很「另類」的特質，雖然他的養父母表示會支持他，他也有認識是同性戀的叔叔、阿姨和同儕，但這種感覺仍然壓得他喘不過氣來。我在他三十五歲上下時認識他，他從事自己有興趣的工作，還交了一個很好的男朋友。他感覺自己已經接受了他的身分，但仍然有很多擔憂，包括他是不是真的「值得」跟他的男朋友在一起。

當我坐在馬丁對面時，我直接了當地表示從他身體看不出任何呼吸起伏。他承認他常常屏住呼吸，彷彿即使在他自己的軀殼裡，他也在壓制自己的身分，不允許他只「做自己」。我鼓勵他注意自己的呼吸和任何相關的身體感覺，並且觀察與他情緒動態的任何連結。我希望他激起好奇心：他在擔心的時候，身體有什麼感覺？他的呼吸有什麼變化嗎？他是否注意到特定的部位有屏住呼吸或卡住的感覺？他可以允許自己的身體有更多起伏嗎——不是強迫用力，而是鼓勵他讓呼吸佔據體內所有需要的空間，而非刻意抑制？他能否友善地跟自己和他的呼吸好好相處？

起初，馬丁對注意自己的呼吸感到煩躁。他身體緊張的習慣很強烈，注意呼吸似乎讓他壓力更大。我鼓勵他溫柔面對挫折，或許可以把他的呼吸模式拆解成很多部分，而不是單一的「呼吸方式錯誤」的想法。他是否觀察到他的呼吸有感覺良好而不會緊張的部分？他表示肩膀和胸口不太舒服，但用鼻孔吸氣、呼氣的感覺平和。漸漸地，他注意到更多細節。等他習慣檢視身體其他部位的呼吸起伏後，他開始不那麼批判自己的緊張了。（「對，我又緊張了。」）

除了解決馬丁的呼吸問題，我們在療程中也騰出空間讓他描述早年生活的經歷以及對他的影響。我強調感到焦慮是很合理的，因為他的成長背景環境如此頻繁變動，他吸收了周遭普遍存在的種族歧視和認為異性戀是很合理的成見，即便他已長大成人，智性的自我知道作為韓裔美國人和同性戀沒有錯，但仍感覺自己錯了。我告訴他這個考驗影響了馬丁，卻不是他本人的問題。也就是說，這不是「馬丁的焦慮和呼吸的問題」，問題出在「白人和同性戀被視為『正常』或『較適合』的文化（也就是種族主義和恐同文化）傷害了人們，包括馬丁」。

當馬丁分享更多他的想法和經歷時，我指出他的想法和經歷很豐滿而複雜，他的感受多取決於背景環境和當下。同性戀在西雅圖不是什麼大不了的事，在他的家鄉卻是件大事。當他參加為了韓裔美國青年舉辦的大學暑期課程時，發現他的文化經驗是常態並非例外。我想知道他可不可以將這種複雜的意識帶入他的呼吸中，也就是說，與其判斷他的呼吸「好壞」、「放鬆還是緊張」，他能不能試著不帶任何評判地注意自己的呼吸？除了放鬆和緊張外，去感到呼吸的其他層面，像是他鼻孔感受到的空氣溫度，或在他呼吸時身體帶動衣服的起伏。

在我們一起治療的過程中，馬丁的說話和呼吸似乎變得更平順，他能在不需要我提示或發問的情況下說得更多。他講述了先前參加同志驕傲遊行發生的一件事。他和他的男朋友被一位教會成員搭訕，對方試圖告訴他作為同志是不對的。（「我很擔心你的靈魂。」）他說他最後回了一句：「我不這麼認為，而且你很不尊重我。」他表示即使他們還在交談，他也在調整空氣在他體內移動的感覺。「我的人生和身體是我自己的，與她無關。」他說。他給自己的喘息空間和善待自己絕對不是徹底解決恐同的方法，但在目前暫時提供了避難所。

艾莉卡：焦慮的呼吸

「我整個人生都像踩在蛋殼上。」艾莉卡在療程的開頭說道。作為一個快三十歲的女人，她認為自己是「非常焦慮的人」。她的肢體語言很畏縮：她似乎盡量佔據整張沙發最少的空間。她在分享她的感受和故事時，時不時會哭出來，然後又為自己哭而道歉。（這在治療中是很普遍的情況，我向人們保證哭出來絕對沒問題，但多數人仍對此表示不適或尷尬。）

艾莉卡解釋她的童年和剛成年不久時住在讓她感覺不安全的家裡。她評論她的父母是「好人」，卻不知道該怎麼面對壓力。即使他們家很富裕，但只要家裡的生意變差，就會影響他們的心情和對待孩子的方式。她描述當生意好的時候，她的父母很寬容而放鬆；但當生意不好的時候，他們會常常對自己的小孩大吼，偶爾會打她和她的兄弟姊妹，批評他們做的「所有事」，不然就是對孩子們不管不顧。艾莉卡表示她在進入青春期後才搞懂父母處事的模式，在那之前，她一直處在「你永遠不知道接下來會發生什麼事」的狀況中。

她學會對微小的信號變得敏感：她媽媽開門的方式、她爸爸踩在樓梯上的腳步聲。她解釋那些信號讓她多了幾秒的時間「消失」或至少知道不要問她父母任何問題。「我偽造了學校表格上所有的父母簽名，」她回憶道：「因為他們心情不好的時候，我不能拿任何事去煩他們。」艾莉卡記得希望自己能隱形或離家出走。她最後的確離家出走跑去跟男朋友一起住，但在他們同居不久後，他變得開始會控制她。

在他們分手後，她獨自生活了好幾年，艾莉卡說她現在感覺自己的人際關係變得健康，但她還是無法放鬆。她解釋除了感覺焦慮，她不覺得自己的生活中有什麼「真正的問題」，她責怪自己沒辦法消除焦慮。艾莉卡表示她每晚會喝兩到三瓶含酒精的飲料，希望能找到其他放鬆的方式。

很多宣稱自己「一直都是焦慮的人」的患者也描述他們是在不穩定或沒安全感的家庭中長大。我直接對他們認為焦慮是性格的一部分提出質疑，因為我認為這是條件反射的結果，原話大意是：「我就直說了，我不認為妳是個性焦慮的人，我其實有不同的看法。**人們會從周遭環境學習，而妳學會了焦慮。在當時，這個習慣可能是聰明的選擇，但它就只是個習慣。**妳可能覺得是妳本身的個性，但事實上這並非妳固定的人格特質。」

艾莉卡似乎對我的重新釋義感到既感激又懷疑，但她願意考慮我列舉的幾個有依據的焦慮解決策略：心理治療、冥想、鍛鍊身體、靜觀冥想和自我慈悲。她說她一直想試試看冥想，但不知道從何開始。自我慈悲訓練也很吸引她，因為這可能可以幫助她改變「對自己失望」的想法。

我們探索了她可以進行冥想的不同方式，她最後決定每天在晚餐前花二十分鐘冥想。她找到了一個基於呼吸的冥想引導式音檔，還加入幾輪「呼吸，我的朋友；吐氣，我的朋友」練習，有助於她保持親切、友善和不批判的專注力。一、兩個月後，艾莉卡表示她自己不一定較少感到焦慮，但她感覺「更能接受和溫和對待我的焦慮」。我們討論試圖讓自己冷靜往往會產生更多焦慮，而溫和的注意到焦慮反而能讓自己鎮定下來是多麼矛盾。她也開始注意到自己有更多個晚上不用喝酒了。

呼吸是智慧之根

結合注意呼吸和善待自己的想法並不新鮮。當然，這些概念往往不會相提並論，而我自己教了兩門課「正念技巧」和「培養慈悲心」中，卻有相當部分的課程範圍是重疊的，即使兩堂課分別從不同角度切入主題。一旦你注意到自己是怎麼跟自己、他人、過去的經歷和世界相處後，探索並調整你們之間的關係是很自然的。

關注呼吸本身是很有力量的練習，可以成為呼吸本身的成長之路——有人會說是走向啟蒙的道路。「呼吸，我的朋友；吐氣，我的朋友」練習應該是重置的按鈕或起點。過去十年來，我自己發現這是一種滋長且變革性的練習。我還將之與其他形式的冥想做結合。比方說，我開始在靜坐之後加入幾分鐘的「呼吸，親愛的；吐氣，親愛的」練習，然後轉變為專注於呼吸上。即使我轉而專注於呼吸，我仍試圖以親切、溫和的方式關注，並且在我分心時，親切地把注意力拉回到呼吸上。

《安般守意經》中也提供了怎麼注意呼吸的指導，這些文字被認為反映了佛祖的指示——或至少是他發現自己的啟蒙道路。經文裡用問題介紹了這個概念：「如何培養和修習出入息以取得很好的成果？」[12]接下來的經文，由一行禪師翻譯，收錄在他的書《一行禪師講入出息念經：一呼一吸間，回到當下的自己》中，提供以這種注意力來增強對呼吸和身體的注意力：

吸氣，行者知道他正在吸氣。
呼氣，行者知道他正在呼氣。

我正在吸氣，同時注意到我全身。
我正在呼氣，同時注意到我全身。

吸氣令我全身寧靜祥和。
呼氣令我全身寧靜祥和。[13]

有很多方法可以有意識地將善意帶入呼吸中。例如，一行禪師建議用「吸我正在吸氣，同時注意到我全身；我正在呼氣，同時使我心愉悅祥和」這句話練習。[14]他解釋道：「這是覺知的愉悅，一種表達你關心和慈愛的愉悅。」一行禪師鼓勵我們在吸氣呼氣時，溫柔地對待他的身體，用好好照顧自己的態度，以放鬆、關愛和細心的方式。如果你想要更深層的探索如何專注於呼吸，怎麼發展這個練習，有一些很棒的指導讓你這樣做。[15]

一些練習不僅包括意識到呼吸，還有以不同的方式改變你的呼吸。之所以沒有在此詳述那些練習，是因為「呼吸，我的朋友；吐氣，我的朋友」是關於以親切、友善的方式注意自己的呼吸，而不是試圖調整呼吸。有些人覺得試圖改變呼吸而非只是去注意讓他們感到更焦慮，但其他人的確對延長呼吸的練習和技巧，或者以特定的節奏或模式呼吸有良好的反應。如果你想探索這些練習，你可以查看呼吸再訓練（一組鍛鍊腹部或隔膜的練習）或調息法（改善能量或減低壓力的瑜珈呼吸運動）。

但如果更以呼吸為中心的練習不適合你，或者你從今以後都不想探索冥想的領域，也沒問題。你可以只嘗試「呼吸，我的朋友；吐氣，我的朋友」練習，或者結合其他你喜歡的方式。你也可以嘗試本書中或其他地方提到的與呼吸無關的自我對話練習。

思考題

1. 你對稱呼自己「我的朋友」、「我的愛」和「親愛的」一開始有什麼感覺？你開始練習後，對於這些稱呼的反應有什麼改變嗎？
2. 去感受呼吸時的身體感覺有什麼感覺？有注意到緊張或不舒服的部位嗎？有注意到身體哪些部位幾乎感覺不到任何東西嗎？或者覺得舒服或放鬆的部位？
3. 你能在預設模式網路（當你什麼事也沒做的時候的習慣性心理評論）中找到自己嗎？
4. 「呼吸，我的朋友；吐氣，我的朋友」或者你替換的稱呼是否在練習後變得更自在？

2 發現成功

如果你有寫待辦清單的習慣，那你一定會認同被許多人視為最喜歡的部分：劃掉事項。事實上，很多人表示他們會把已經完成的工作加上去，這樣就可以劃掉更多項目。把已完成的任務打勾或劃掉會產生一種滿足感。是時候休息一下，讓自己短暫停留在圓滿完成一件事的感覺中。你也會因為這股自信、效率和衝勁而感到活力滿滿。

我認為享受劃掉待辦事項這件事是一種「發現成功」。作為自我對話的策略，「發現成功」使這個過程不只是完成待辦事項這麼簡單，而是讓你**有意識地去注意到並慶祝更多你個人的積極作為**，包括那些看似不起眼或微不足道的瑣事。將注意力集中在一連串成功上，可以幫助你以欣賞而非反對的角度看待你和你的行為。這些年來，我的學生紛紛反映反覆練習「發現成功」讓他們對自己更有信心、內心更平靜、更積極、做事更專注、更有成就感。有人評論道：「這個練習讓我感到很有成就感且心存感恩，即使在我運氣很差的時候。」

我得承認，為了看起來根本算不上「成功」的事自誇可能會讓人覺得奇怪或很蠢。我的學生剛開始聽到「發現成功」這個方法時，常常會說覺得有點抗拒。有些人表示為很小的成就歡呼鼓舞感覺不像「自己」。我很欣賞他們渴望坦蕩的面對自己，但我同時鼓勵人們敞開心扉嘗試新方法，即使是那些一開始感覺不像「你自己」的方法。其他人對於反覆自誇的想法猶豫不決，部分原因是擔心這樣會讓他們變得「自以為是」或自大。然而，無論你怎麼練習，「發現成功」都不會讓你變得自大。這個方法不是要你稱讚自己完成這些任務有多棒，也不是要傳達你比別人好的訊息。「發現成功」練習的目的是要鼓勵你專注於眼前發生的事，而不是你對自己做的事有什麼感覺，例如注意到你確實寄了封電子郵件。這個技巧有助於安排與調整注意力，讓你能夠意識到自己的積極作為。

「發現成功」可以消除過度的自我批判。我們理所當然會去注意希望改變的事，或為自己的成就和希望達成的目標之間的鴻溝而苦惱。這種思維反映了大腦的消極偏見：忽視一帆風順的事，只傾向專注於出錯的部分。對我們自身和行為的消極偏見會導致不知所措的感覺，彷彿我們做得不夠多，或認為是自己不夠好。然而，只注意不順利的部分有失偏頗，因為我們只看到畫面的一角。消極偏見也跟情緒低落有直接關係。[1]刻意反覆練習「發現成功」可以重新調整注意力，從而減少自我批判，增加幸福感。

如果你苦於沒有動力或不想花心思從事新的行為，「發現成功」也能發揮效用。動物訓練師和產品營銷人員都知道加強進展順利的行為，包括邁向新行為的步驟，有助於那些行為的發展和延續。這也是為什麼各企業發給客戶的會員回饋卡第一格總會事先蓋好章，向客戶發送「就快到了！」的訊號。老師有時候會採取「正向管教策略」，他們會稱讚表現積極的學生（瑞秋，妳今天上課很專心喔！）而不會點名較沒表現的學生。同樣的，發現成功提供了具體策略鼓勵你採取更多積極行動和看法。一位學生評論道：「一開始沒什麼感覺，但過了一段時間後，我感到每天都過得很有價值而且很充實。當我覺得缺乏動力時，這個練習也能讓我知道我其實做了很多事，有時候甚至會激勵我做更多。」

我在教發現成功策略時，主要是將其當作一個練習，回想幾件對你、其他人或周遭有益，而且已經完成的事，可以的話，把這些事寫下來。這麼做的用意是鼓勵你寫下十項成就，任何小事都可以。例如以下範例：

1. 早上 8:30 起床
2. 拉筋
3. 散步
4. 沖澡
5. 換衣服
6. 準備然後吃早餐
7. 傳簡訊給朋友
8. 寄工作郵件
9. 付帳單
10. 服藥

雖然上面有些事似乎太普通，以前你不會將其納入待辦項目中，但這個練習的目的是要讓你意識到自己實際上做得很好的事，包括日常瑣事。練習這種認知能力可以減少自我批判，並增加自我欣賞和「自我效能」，或對自己採取行動實現目標的能力充滿信心。

我喜歡發現成功策略是因為這是一種積極的心理過程。勸別人凡事轉個念當然也很好，你甚至可以認同對方的新觀點，但真的要接受一個新觀點就沒那麼簡單了。這也是為什麼列清單是一個好辦法。藉由實際列出清單，你的大腦會被迫產生活生生的例子，而非只是想像一個抽象的概念，沒有吸收進去。

你不用把清單一一寫下來，但有些人覺得眼見為憑能讓他們從這個練習中收穫更多，而不是憑空想像。一名學生評論道：「當我把一件完成的事寫下來後，我會覺得比起想像，這件事更『真實』。我有貶低自己成就的傾向，因為我是很容易批評自己的人。把成就寫下來可以讓我從自己的想法跳脫出來，有助於證明我的生活充滿成功。」

很多人清單寫到一半就會卡住。通常一下就能想到四、五件事，但要繼續下去可能會有難度。你能堅持下去，就算很難想出更多成就也要努力嘗試嗎？你可能還會注意到承認自己的積極作為有什麼感覺。你是會壓抑自己的感覺，還是會對把這些事的功勞算在自己頭上而苦惱呢？

你可能會有股衝動想把清單事項減半，因為上面寫的都跟生活有關——我們很多人認為理所當然的日常瑣事。或許是這樣沒錯，然而，這些事仍然很重要。起床和整天賴在床上這兩件事有很大的區別。事實上，換衣服外出、買菜或打電話給朋友之類的小事在日子難過的時候會變得更加困難。在這段時期，練習發現成功或許有助於你感謝自己的苦勞，帶來一定程度的希望，並提供注意到改善的機會。我們都需要具體行動來照顧友誼、健康、工作和家庭，而這些行動很重要。我認為每一個積極作為都可以列在發現成功的清單上。每一次呼吸都很重要，每一句好話也是。

核心練習

首先寫下今天進展順利或已經達成的十件事，任何小事都可以——起床也是。就連呼吸也是一種成功，把這件事寫進清單裡完全沒問題。然後，將每個成就都歸功於自己，即使你覺得它不太重要。

跟其他自我對話技巧一樣，這個練習的強大之處在於持之以恆。你可以設鬧鐘，或利用寫日記時每天練習。如果你感覺卡關了，可以稍微休息一下，然後再努力想想，因為你完成的事永遠比你意識到的還多。

重新分配注意力

正念導師兼生物學家的喬・卡巴金（Jon Kabat-Zinn）博士提醒人們：「只要你在呼吸，你做對的地方永遠比錯的多，不管當下可能有多麼不舒服或絕望。」

[2]思考哪裡做錯了往往會凌駕於哪裡做得好的念頭上。然而，練習有意識地注意進展順利的事情能夠改善有關各種經驗的自我對話，包括身體上的病痛。

卡巴金博士開始教多年的慢性疼痛患者練習正念。由於過去接受的治療和藥物沒有給他們帶來很多安慰，這些患者有充分的理由懷疑能否有方法幫得了他們。儘管如此，還是有幾名患者願意嘗試卡巴金博士開設為期八週的正念減壓課程，學習並重複練習新的鍛鍊身心的運動。[3]

卡巴金博士的患者學會如何注意他們的思緒走向（人們的思緒通常會飄到讓他們最感疼痛的地方），然後練習心平氣和地將注意力導正回來。其中一個練習是「身體掃描」，也就是在心裡從頭到腳（或從腳到頭）掃描全身。透過身體掃描練習，人們可學習不只注意疼痛的地方，而且還會注意身體的其他部位。有人可能患有嚴重的背疾，但還是注意到身體的其他部位感覺還好，或更舒服。你可能會注意到一些特殊的感覺，像是溫暖、警覺、緊張或放鬆。

身體掃描練習的目的在於重新分配注意力。人們會停止習慣性地過多專注在疼痛的地方，並且學會平均分散注意力，這麼一來，他們的注意範圍會變得適應更廣泛的刺激。經過包含身體掃描及其他練習的八週正念減壓課程，那些慢性疼痛患者和其他學員表示他們的痛感、壓力、焦慮和抑鬱都減輕了。[4]

「發現成功」和身體掃描練習類似，都是為了重新分配注意力，我們就比較不會習慣於注意進展不順利的事情。一位學生回饋道：「因為我很少處理自己的感覺，不論好壞，好的感覺常常不知去向，我似乎只能感受到負面情緒。有時候要我寫出十個過去二十四小時的成就可能很難，但這對我來說非常重要，讓我變得更有自信。」

發現成功另一個有助於重新分配注意力的部分在於它強調**當天發生的事**，不是過去的成就或未來的課題。人們在擔心長期進行的企劃或職業展望時，常常會陷入自我批判，也就不會在意任何日常的成就。另一位學生回饋道：「身為一個有高標準和長期目標的人，打掃完或吃完晚餐後稱讚自己一直讓我感到很暢快。認識到每一個成就都很重要且值得褒獎，不管看起來有多麼微不足道，都對我產生根深蒂固的影響。」

肯定自己：不要盼望來自他人的注意、感謝、讚美或獎勵

露比每天為家人做很多工作：準備三餐、打掃、完成各種家事、幫忙協調孩子們的活動，除此之外，她一週有三天要去平面設計公司上班。偶爾，露比會感到難以負荷，但最讓她生氣的是另一半似乎完全沒注意到或感激她做了那麼多。她跟我抱怨時拉長了臉，坐姿頹喪，彷彿沒人感激她這件事使她精疲力竭。

我可以理解，露比希望另一半意識到她工作很辛苦。另一半心存感激的人確實表示在關係中獲得更多滿足感。[5]露比要求另一半能更常表達感激她所做的一切，對方同意了，但在行為上卻沒有多少改變。其實，低估另一半承擔的家事工作量在同居伴侶中很常見。如果完成家事的時候，另一半不在現場，他們就很難將那些事放在心上。[6]露比一直感到很挫折，儘管她仍希望另一半能多感激她一點，但與此同時，她還可以怎麼做，讓自己感覺更被肯定並減少疲憊？

我問露比有沒有試過感謝自己所做的一切。我建議她真的應該花心思感激自己：所有的體力活、精神負擔和無止境的家事分配。如果她很快地在心裡認可並

感激自己的辛勞，再繼續做下一件事呢？甚至有沒有可能在她一邊折衣服或煮飯時，一邊感謝自己？她渴望另一半給予的溫暖、愛、感激和誇讚是否可能從她自己身上獲得呢？雖然我還沒找到幫助她的方法，露比就已經搬走了，但我採納自己的建議，開始在我做事時更感激自己的付出，尤其是那些其他人常常視而不見的家事和照顧孩子的責任。無償工作經常受到忽視和低估的程度，或在成年同居人間的分配不均，即使這麼做並不能解決更深層的根本問題，我仍然很感激自己從中發現做家事的成就能改善幸福感。

在你日常生活中，有沒有什麼能讓你自誇的事，你卻總是在等別人讚美？也許是提交申請、打掃家裡，或開始更規律地運動。很棒！做得好！你可能從未從別人口中聽到這些事有多麼了不起；你可能從未因為完成這些事而得到任何外來的誇獎。這也是為什麼為了維持並加強你的努力，在你心裡產生一些正面回饋是很重要的。

我們很容易考慮先去做能獲得讚美或報酬的事。有償工作似乎比無償工作更為人接受，也更重要，因為人們通常會注意有償工作的內容，當然也會獲得薪水。即使財務需求獲得滿足，人們常會發現他們有償工作量加重了，卻很難去做無償的工作。優先考慮他人可見的工作可以理解，但在生活其他方面缺乏讚美或認可，即便來自你自己，也可能危及你的健康和幸福感。

比方說，對大部分的人來說運動沒有薪水。許多人在上班生活中感到自律，真心希望好好關心自己的健康，卻沒辦法在照顧身體方面保持同樣的自律。只要能透過發現成功或其他方法從內心獲得肯定，就能幫助你真正開始改變。

找出不起眼的成功

從微不足道、明顯和有報酬的工作開始是練習發現成功一個很好的方式。先說顯而易見的工作：吃維他命、花園除草、寄電子郵件、付帳單、打給朋友或做千層麵。過去一年來，我養成在倒廚餘桶或拿資源回收和垃圾出去丟時練習發現成功的習慣。其實現在對我來說，這些不算苦差事，因為我會邊做邊在心裡認可這個行為，而且我也可以趁機多吸幾口新鮮空氣。加上我會練習在心裡誇獎把廚餘桶拿出去倒（而且不斷重複）這個行為，建立正面的感覺。

但現在讓我們花點時間想想不那麼起眼的成功，以及較複雜的成就。某天晚上，我把碗盤放在水槽裡，因為我意識到比起洗碗，我的身體更需要休息一下。這也是一種成功——辨別適當的努力和休息——即使看起來不像成功，因為碗盤還沒洗。再舉另一個例子，我才剛把手工藝零件（珠子、羽毛和其他雜七雜八的東西）撿起來放回收納包裡，我還在學齡前的孩子便把收納包整個翻過來，所有東西都倒在地毯上，而我沒有感到煩躁或生氣。這個成功很難注意到，因為反映了缺少某個東西（不耐煩的大吼），而沒有成品（我完成的成形物品）。或許你可以思考在你自認失敗或日常背後的成功因素。

十七世紀的日本曾發生一段關於發現成功的心酸故事。鐵眼道光禪師是佛教黃檗宗早期的祖師。因為當時佛教重要的經文只存在中國，鐵眼禪師決定出版日文佛經（日文有約百分之七十的漢字與中文重疊，但仍有百分之三十不是中文，所以需要準確的翻譯）。這項工作需要大量資金購買成千上萬片木板進行雕刻。鐵眼禪師花了十年在國內四處旅行募款，直到達到目標為止。他衷心感謝每一份捐款，無論金額多寡。最後，他累積了一筆達到目標金額的捐款。

但後來宇治川氾濫，沖毀了農作物和百姓生活的必需品。遍地饑荒，鐵眼禪師沒有用募集來的資金出版佛經，反而把這些錢拿來救助因饑荒所苦的人民。然後，他重新開始周遊國內，為了募集大大小小的資金（但大部分為數不多）。好幾年後，一個流行病肆虐日本國內。鐵眼禪師再次把募集來的捐款拿去幫助需要的人。然後開始第三次募款。二十年後，鐵眼禪師募集到他需的資金。一六八一年，由他本人親自監製完成日本第一部完整的木刻版佛經。如今，我們可以在位於京都的黃檗宗寺院親眼瞧瞧日本第一部佛經印刷使用的木板，據說「鐵眼道光製作了三部佛經，而失傳的前兩部佛經遠勝於現存的第三部」。[7]

這個故事最讓我感動的是最後一句話：鐵眼禪師將所有募款用來救人的決定反映了佛經中所有的美好與智慧——他的作為甚至體現在佛經中。對這個故事更常見的反應會是：「唉，可惜鐵眼禪師出版佛經的路途充滿挫折且一波三折，在他成功前還失敗了兩次。」不過，我們可以推測，他的成功看起來跟他或我們想像的不一樣。拯救蒼生不僅反映了鐵眼禪師起初想藉由出版佛經改善百姓的生活狀況，更勝過他的初衷。

重新定義體力活：客房服務員的奇幻旅程

客房打掃是很累人的工作，但這算是一種運動嗎？研究人員詢問八十四名分別在七家不同飯店工作的女性客房服務員，是否有規律的運動習慣。[8] 三分之二的受訪者表示他們沒有規律的運動，而百分之三十六的受訪者表示他們從未運動。接著，所有客房服務員被分成兩組。一半被告知清理客房是很好的運動，並且符合美國外科醫生對運動的建議。另一半則維持現狀。

四週後，被告知打掃工作是很好的運動的女性，表示覺得自己比聽說打掃工作對身體有益前做更多運動了。測量數據也顯示接收「通知」的女性還有體重減輕、身體質量指數降低和血壓降低的情況。雖然他們改變了打掃客房是否算運動的想法，但並沒有報告在下班時間做更多運動。

將這些客房服務員的日常工作視為良好的鍛鍊機會是怎麼讓他們的身體健康

實際獲得改善？答案尚不清楚。這或許跟複雜的身心連結有關，將他們的工作視為運動逐漸層層堆疊成良好的身體狀況。或者，像是作家奇普・希斯（Chip Heath）和丹・希斯（Dan Heath）指出，把工作想成實際在運動可能改變了他們工作的方式。[9]即使他們的工作量沒有變，被告知他們的工作實際上是運動的服務員可能會稍微更賣力地鋪床或吸地，也就是說，他們可能真的藉由同樣的工作進行更多或更好的運動。但不管是什麼改變導致他們改善了身體健康，似乎都是來自「我已經在運動了」的心態。

一旦你開始以成功的角度看待各種日常經歷，就可能對「成功」這個框架可以激勵你的行為、減少自我批判並改善你在工作和其他任務上的表現感到驚訝。即使是棘手的精神狀態，像是焦慮，也有一些特性能讓你發揮優勢。

正面看待一般程度的焦慮

考試經常會讓人感到焦慮。你可能會想像即將參加一個高壓考試，然後內心不斷循環播放：「天啊，我好焦慮，我要冷靜——不然我就會因為焦慮把考試完全搞砸！」事實上，在上述的例子中，焦慮被看作對成功的威脅。但假使你把焦慮視為能帶來正面影響而非有害的情緒呢？

研究人員傑瑞米・傑米森（Jeremy Jamieson）及其同事在哈佛大學進行一項研究調查，關於焦慮影響考試的假設是否可以提高學生的表現。他們招募了準備參加研究所入學測驗的學生，這是要進入很多研究生項目必需參加的主要測驗。[10] 接著，他們再進行入學模擬測驗前，將學生們隨機分成兩組。一半學生沒有得到額外的資訊，另一半則在測驗開始前，給他們閱讀下述關於「喚醒」焦慮的資訊，旨在模擬測驗開始前，反映出警惕和受刺激的感覺：

> 人們認為在參加標準考試時感到焦慮會讓他們考不好。然而，最近的研究顯示喚醒焦慮不會影響考試表現，甚至能幫助他們提高成績……在考試期間感到焦慮的人事實上可能會表現得更好。這代表你不用擔心如果你對今天的模擬測驗感到焦慮。如果你發現自己很焦慮，只要提醒自己喚醒焦慮能幫助你考得更好。[11]

有閱讀上述資訊的學生數學測驗的成績比沒有閱讀的人還好。正式考試的時候，實驗結果延續了下來。同一批學生（讀了關於喚醒焦慮有助於他們表現的文章）在實際考試獲得的分數，明顯比另一組學生還高。為了防止其他因素會導致分數差異（例如，學生讀書的時間或先前上的課），研究人員重新分析數據以說明這些差異。即使考慮了其他因素，分析顯示在閱讀喚醒焦慮能帶來好處的那組學生中，仍持續預測得到更高的測驗分數。

了解喚醒焦慮背後的好處為何能幫助學生獲得更好的成績？這可能是因為學生改變了他們對喚醒焦慮的看法。他們可以把喚醒焦慮當作一種普通的心理狀態，甚至能帶來幫助，而不是假設焦慮會搞砸考試。或許是因為這種心態，使他們比較不會因焦慮而分心，而且更能專注於眼前的事，才能有出色的成績。閱讀關於焦慮潛在好處的資訊還可以讓學生有自信應付考試的壓力。[12]在一系列類似的研究中，將焦慮重新定義為興奮的情緒，而不是試圖讓自己冷靜，能幫助人們感到興奮，從而有更好的表現，不管是公共演說、唱卡啦ＯＫ或算數學。[13]有趣的是，研究顯示忽略或抑制壓力似乎無法改善什麼。事實反而證明，比起忽略、壓抑甚至接受難受的情緒，學習壓力的感覺會對人們帶來幫助（也就是要再評估壓力真正的意義）。[14]

什麼是評估與再評估

評估是對某件事意義的解釋。評估可能會感覺很「真實」（當然從某種意義上說來，因為是千真萬確的想法所以是真實的），但評估通常不會基於事實，而是反映了假設和習慣。我可能會假設一位同事認為我寄的電子郵件沒那麼重要到值得回信。但事實上，可能是因為同事私人、工作或技術上的問題，讓他沒辦法即時回信。

結果證明，評估對心理健康非常重要。我們的心理活動有很大一部分是在為發生的事情賦予意義。儘管我們不會特別選擇評價，但還是會把發生的事和我們的感受連結在一起。將事情評估為是自己的問題（或跟自己有關的事就會出錯）的習慣往往會導致抑鬱和／或焦慮。然而，你可以學習觀察評估並再評估你是怎麼解釋周遭情況和事件的意義。藉由練習發現成功或相關技巧，你可以訓練自己用有幫助和鼓勵的方式評估自己的行為、感覺和狀況，這會增強你的心理健康。

最近一次的冥想靜修營，我被分配到離廚房很近的房間——離洗碗槽大概十五呎遠吧，即使我把房門關起來，噪音還是非常大。那次靜修一部分的練習是要注意你對當下發生的事的解釋（評估），試著以跟自身經驗不同、較少評判的方式去解讀。廚房的嘈雜聲給了我機會，讓我練習以不同的方式在內心跟我的經驗進行連結。但我該用何種方法？哪一種能讓我心情最好（或最不煩躁）？

我可以把那些叮叮噹噹的洗碗聲當作一般的聲音，透過佛教所說聽覺的根門，也就是說，我會更著重於聲音的品質而非自身對聲音的反應。或者，我可以注意我對這些聲音的想法和感覺，以及在我身體和內心相關的感覺（像是感覺肩膀緊繃或屏住呼吸）。這些方法反映了試著接受我自己的感受和情緒的感覺，並在這些感覺出現後，學習與其共處。

我試了上述兩種方法。首先，把那些聲音當作普通的聲響。（「我聽到咚地一聲，注意到它的音調，聽到它消失；接著是響亮的鏘一聲。」）我發現自己浮出一些念頭：「真希望這些噪音能停止，或不要那麼大聲。如果我能去一個更安靜的房間就好了。」我掃描我的身體，尋找感到僵硬或緊繃的部位，然後我感覺我脖子痠痛，胸口不太舒服。我的目的是要不帶評判地注意我的想法和感覺，不要去改變什麼。這樣練習幾次後，我感到有點平靜又有點困擾。但基本上，我感到不舒服的地方舒緩多了。

然後，我的腦海冒出一個念頭：「有人在洗碗，**而那個人不是我**。」我沒參加靜修營的時候，家裡五個人、一天三餐外加點心的碗盤大部分都是我在洗的，似乎每天光洗碗就要幾個小時。但在靜修營期間，我負責的工作是煮飯，不是洗碗。當我待在自己的房間時，嘈雜的廚房噪音仍在繼續，我可以坐下來，感謝有別人在幫忙洗碗。我感到一陣放鬆，緊繃的身體跟著放鬆。我不覺得煩躁，反而是感激。原本讓我感到煩躁的聲音突然激發我內心真正的愉悅。我露出笑容，對新的評估帶來完全不同感覺的力量感到震驚。在接下來六天的時間裡，洗碗盤的聲音不再讓我覺得煩躁。由於我重新評估內心的感受（「有人在洗碗，而那個人不是我」），廚房的噪音持續激發感激、快樂和放鬆的感覺。

比起接納自己的感覺，再評估的方法更有效的經驗和比較這兩者的研究結果相符。神經科學家暨加州大學戴維斯分校的教授菲利普·戈爾丁（Philippe Goldin）及其同事解釋了再評估比接納更能減少負面感受，同時動用更多大腦資源。[15]再評估另一個重要的層面是「以前因為焦點」的處理形式，而不是「以反應為焦點」。[16]也就是說，再評估是藉由改變導致情緒和生理反應的先決條件（想法）來運作。相比之下，接納或壓抑兩種情緒調節策略只有在產生難受的情緒才會開始運作。可以理解的是，在難受的情緒和感覺出現前進行干預，比產生後還有效。然而，培養不帶批判地接納自己的經驗所帶來的長期影響可能有助於執行「以前因為焦點」的處理方式。如果在夠具挑戰的難關發生前，你就已經有這些傾向的話，可能有助於在發生如突然意識到需要排隊二十分鐘，或因為爆胎而推延計畫等情況時感到更冷靜。

發現成功練習全是為了影響你的評估機制，因為它鼓勵你透過成功的眼鏡讚賞大大小小的行為。這個練習有助於你把日常活動看得很重要、可行且符合價值觀，並做出積極貢獻。一位學生表示：「每當我感到不知所措或壓力大的時候，我就會練習發現成功，因為這樣會讓我那天接下來的時間都以正面的眼光看待事物。寫下清單後，我覺得更容易完成剩下的工作，因為我的壓力減輕了不少。」

發現成功和正念對非評判的觀點

發現成功是否跟正念的核心觀念有分歧？發現成功似乎跟正念的非評判觀點相當不同，也就是試圖不要以評判的角度注意到經驗或解釋其意義（詳情請見第三章）。確實，將某件事標記為「成功」涉及了一些判斷。但該練習關於評判的部分到此為止。發現成功的目的不在於評估你做事的程度，只是讓你注意到某件有益的事情發生了（或者你能克制不做某件事）。

發現成功和正念練習兩者都是將注意力放在微不足道的經驗上，往往會被我們視作理所當然，或因為生活匆忙而一晃而過。正念冥想可以讓發現成功發揮更大的功效，無論是在正式冥想的場合或日常生活的練習中，如果我們在那些時候多了更多覺察和感激，那會發生什麼事？一位學生寫道，練習發現成功「讓我在做這些事的過程中，更能注意到行為本身」。

練習再評估是發現成功和許多正念冥想的關鍵部分。透過每時每刻的感覺來觀察經驗，而不進行評價或反芻思考，這涉及以一種新的方式考慮刺激。抱持「去中心化」的想法，或以非評判的旁觀者身分去經歷，而不是過度認同情緒和相關的背景故事，也會被視為一種有意識地再評估。同樣的，利用正念練習培養慈悲心和善意涉及選擇一種特定的心理方法，可能不同於你預設對待自己或他人的方式。

正念練習的另一方面涉及建立對人、行為和這個地球相互連結的意識。例如，在培養對眾生善意的正念練習中，就存在這種價值。當你練習發現成功時，注意到你給一位朋友寫了慰問卡、預約健康檢查，或把香蕉皮丟進廚餘桶裡，都可以增強連結的感覺——這些日常瑣事可以再評估為讓你維持關係、照顧你的身體或這個地球而採取的有用步驟。

認知再評估在創傷和心理健康中的作用

經歷痛苦的事件、狀況和感受會對心理健康造成傷害。除了創傷本身帶來的痛苦外，許多人還會批評自己因為創傷而產生糟糕的感覺。這種自我批判通常會以對自己採取負面的「創傷評估」形式出現。人們通常會因為創傷而自責（「如果我做了這樣、那樣，就不會發生這種事了」），或認為是因為自己有缺陷才會感到創傷、焦慮或抑鬱。創傷後常見的評估包括跟羞愧、自責、生氣、背叛、害怕、自尊、安全、信任、權力、控制、親密和疏離相關的想法（與他人脫節的感覺）。[17] 因為創傷相關評估，包括自我批判，會大大地影響我們創傷後的感覺，修改創傷相關評估（透過將對創傷的普遍反應正常化，或透過承認成功的治療步驟），可以使我們更容易應對創傷。

對創傷的負面評估跟較高程度的壓力和抑鬱有關。[18] 一項研究調查了消防員在訓練期間對自己的負面評估傾向。事實證明，消防員的創傷前評估結果能預測他們在接下來四年的追蹤期內，經歷創傷後出現的創傷後壓力症候群的嚴重程度。

[19]事實上，人們對其創傷經歷的評估（也就是對創傷的解釋）會導致人們心理健康出現症狀的程度超過他們所經歷的創傷程度。[20]

作為一名臨床心理學家，我的工作包括挑戰患者的自我批判創傷評估並鼓勵他們再評估。例如，壓力和創傷後的不適感是正常的，並不是一個人有問題的跡象。事實上，這是一個有效的情緒系統運作的徵兆，可以透過非常警覺、焦慮或者避免類似的情況來應對創傷。然而，在創傷期間適應的感覺和行為如果持續存在，就可能會導致痛苦。在有創傷的情況下練習發現成功，有助於人們理解而非批判被創傷激發的正常反應。也可以在人們嘗試練習和加強新行為的過程中提供幫助。

創傷期間練習發現成功包括重新建構正常的情緒反應，像是焦慮或退縮，因為在創傷發生時或之後可能有幫助。比方說，在派對上遭熟人毆打的人往後可能會避免與新朋友交往或參加活動，他們也可能開始審視每一次與他人的互動，尋找危險信號，以保護自已不會受到進一步傷害。這些行為可能是人們尋求安全感和恢復的部分跡象，但最終可能會導致更多困境，像是孤獨或社交焦慮。然後，在建立安全感並應對創傷相關的痛苦一段時間後，同一個人可能會從發展新行為中獲益，像是在超市跟別人進行簡短的交談，或接受某人的邀請而非拒絕。在從嚴重創傷康復的過程中，重點是要持續練習發現成功，以便讓這個習慣繼續下去，並以此為基礎進行改變。

鑑於評估的重要性，你要如何改變思維？過於簡單化有其風險存在——換句話說，告訴自己或其他人只要有不同的想法，就會有不同的感受。僅僅決定以不同的方式思考事情似乎無法解決問題。一個方法是認知處理治療，首先要確定創傷後的心理「癥結點」（因為評估往往潛伏在自覺意識下），然後在三個月內針對這些問題去化解。[21]

例如，假如創傷後評估為「發生這件事後，我再也無法相信任何人」，一個人可能會考慮自己是否需要完全信任一個人，才能好好跟他們相處，或者是否有人比其他人更值得信賴。如果評估為「我必須一直保持警惕」，那麼就可以調查處於緊張狀態是否在各種情況下都是有益的，或者是否在某些情況下更需要警惕。患者還會研究癥結點的功能。抱持這個信念會對生活造成什麼影響？如果沒有這個信念，會發生什麼事？

由於我們長期都使用同一種思維進行評估，不太可能一嘗試新的評估方法便馬上感覺好多了。認知處理治療通常需要持續十二週的時間，而且需要與提供情緒支持和引導的心理治療師合作。確實有證據表明這個方法對很多創傷倖存者有效。[22]而事實上，改變評估的過程是能夠解釋為什麼認知處理治療有用的關鍵機制。[23]進行認知評估還可以幫助人們應對愛滋病之類的慢性疾病[24]，也跟抑鬱程度的降低有關。[25]

發現成功的其他模式

已完成清單

我開始在心理學課程中教授發現成功，並在心理治療過程中向患者說明該技巧的幾年後，我才知道這個方法也被稱為「已完成清單」。兩者的原理其實大同小異，都在強調你對已成事項做出的積極貢獻。如此一來，無論哪個名稱都代表這個清單與待辦清單相反。事實上，網景的聯合創始人馬克・安德里森（Marc Andreessen）稱這個練習為「反待辦清單」。他鼓勵人們在小卡上寫下「每天完成的任何有用的事」，然後在當天結束時查看那張卡以「讚嘆」自己的成就。在工作場合，這種「成就」可能更容易辨別。不過，就像上面提到的，關於有償工作以外的成就呢，比如照顧他人？

安卓亞是一位職業母親，經營一個包括收納、食譜和其他技能的網站。她解釋道：「如果當天結束時還有幾件事情沒完成，我很容易感到挫敗和沮喪。回想起來，我的待辦清單對於有個從不睡覺寶寶的母親來說要求太高了，但儘管如此，我一直在能力不足、效率低下和極其負面的自我價值中掙扎。」下述為她分享某個特定日子的「已完成清單」：

- 鋪床
- 沖澡
- 做晚餐

- 在諾拉小睡的時候抱她
- 在社區附近散步
- 讓新生寶寶活得好好的（在幾乎沒有照料小孩經驗的情況下！）
- 把食物放進冰箱
- 洗一大堆衣服
- 讀五頁我的書
- 打掃客廳
- 為家人做早餐和晚餐（還有目前跟我們一起住的國際學生）
- 做午餐便當
- 一天中大部分時間抱著一個難搞的嬰兒[26]

當我檢視上述清單時，我對完成大部分任務所需的體力和毅力感到震驚。整天抱著一個難搞的嬰兒，同時還要完成其他事情，需要高強度的體力和精神耐力。因為照顧嬰兒的同時很難完成其他事，所以通常看起來像什麼事也沒做，但實際上你整天都在提供高強度的照顧。貶低這項工作價值的大環境可能會加深你在照顧嬰兒時感到的孤獨和不知所措。新手父母常常感到苦惱，缺乏情感和經濟支持會加劇這種情況，儘管他們已經盡了最大的努力，似乎還是無法滿足自己和他人的期望。

對安卓亞而言，她必須有意識地承認這些努力得到了回報。她回饋道：「老實說，列出一個已完成清單是我做過最簡單的事情之一，可以立刻提升我的心情。」你可以選擇自己喜歡的叫法，「發現成功」或「已完成清單」。無論哪種情況，我都鼓勵你挑戰自我、找出不起眼的成功，包括那些你可能認為算不上已完成的行為，比如沒有對家人發脾氣，或腦袋突然閃過靈感，但尚未做出任何有形的東西。

根據現實自誇

喬爾．艾梅達（Joel Almeida）博士是一位作家、醫生，也是其他醫生的導師，曾經闡述了一種十分類似發現成功的練習方式，他稱這個技巧為「根據現實自誇」。艾梅達博士鼓勵人們透過立即表達對自己的誇讚，以加強朝著正確方面邁出的每一小步。根據現實自誇能加速實現目標的過程，還有助於訓練大腦遠離自我批判、完美主義或比較自己與他人的思考模式。可以只是短短一句話，像是「我辦到了」或「我做到了，感覺還不賴」。

艾梅達博士分享有段時間他拼命地減肥，儘管他有在規律的運動。他因為高膽固醇而服用史他汀類藥物。他看到練習「根據現實自誇」的機會，每吃一頓營養餐、每半小時忍住不吃零食，以及每歷經一次挫折後回到正軌都會好好地誇讚自己。他形容根據現實自誇的技巧就像是「基於實際進步源源不斷的自誇」，讓他的腰圍永久地減掉了幾吋，不再因為膽固醇過高需要服用史他汀類藥物，頭腦也感覺更平靜和清醒。

我的學生也表示為自己朝著目標邁出一小步而自誇，在情感上也有好處。一名學生觀察道：「為了一些小小的成就表揚自己，比如整理房間、沒有遲到和去健身房讓我更欣賞自己了。因為我對自己更有自信，所以我可以說變得更快樂，生活也更起勁。」

感激清單

發現成功和感激清單兩者都涉及刻意地以不同的方式看待當下的狀況。要創建一份感激清單，你需要有讓你覺得感激的人事物和情況。透過練習發現成功或寫下感激清單引起的讚賞涉及思維和情感兩部分的改變。當你對某事或某人抱持感激時，你會認可其存在意義，同時體驗到一種正面的情感連結。[27]在包括兩百四十三位受試者的研究中，欣賞在生活滿意度中扮演了重要的角色，即使撇除了人格特質差異也是如此。[28]

發現成功和感激清單反映了特定種類的欣賞。感激清單通常側重於外部環境（感謝外部「事物」或值得感激的狀況），而發現成功則涉及對自己的貢獻表示讚賞。專注於這種感謝形式的一個重要原因是為了消除自我批判傾向。如果你很難承認自己做得很好，發現成功恰好能幫助你練習。注意到自己有用的行為可以改變你看待及對待自己的方式。

一旦這個練習變得更像生活體驗後，你可能會注意到發現成功和感激清單間的障礙開始一點點消失。你可以感謝自己有個遮風避雨的家，甚至感謝自己打掃家裡環境。或許你甚至會在打掃的同時感受到這兩種感覺。你可能會發現「我」的感覺沒那麼強烈，這樣你就會充滿欣賞與感激——與其說是感謝你自己或外部環境，不如說是感謝有那麼多天賦和互相連結，而你是其中一部分。

作家莎莉絲特・墨菲（Celeste Murphy）在自己職業生涯的某次勝利後，表示道：「我由衷地感謝，感激之情讓我得以歌頌，不僅僅歌頌我自己的了不起，而是為了所有幫助我實現目標的人。」她指出，沒有其他人的參與幫忙，任何人都無法完成任何事，還說：「我的小小成就加深了我與這個世界的連結。」[29]墨菲的話傳達了你如何衷心地認可自己的行為和他人提供的幫助。

你也可以同時嘗試兩種方法（發現成功和感激清單），然後注意會發生什麼事。很多人回饋表示刻意練習感激讓他們有所收穫，但也有人注意到感覺變得更糟糕。作家莉茲・布朗（Liz Brown）發現持續列出感激清單，會讓她對自己的感受覺得羞愧。她的感激清單導致了更負面的自我對話，因為她覺得自己在自憐自艾，不懂得感激。（「我的人生還不錯呀，我是怎麼了？」）只有在她真誠地承認自己痛苦的情緒和經歷時，才會感覺好一些。[30]在練習發現成功或寫感激清單時，注意**不要刻意壓抑自己難受的情緒**。這兩種練習都不是為了掩蓋或壓抑深層的痛苦，而是為了分散注意力，遠離自我批判或只注意進展不順利的心理模式。情緒上的痛苦確實可以從關注和關懷中得到紓解（詳情請見第六章「技巧性地接納所有感覺」）。

「發現成功」與「往好處想」

發現成功是否相當於往好處想？這取決於你所說的「往好處想」是什麼意思。發現成功和往好處想兩者概念都涉及更正面的觀點。然而，「往好處想」的建議有時候會傳達對某個人的想法或感覺的批評。「往好處想」可能會暗示人們應該壓抑難受的想法，或者他們應該假裝一切都很好來掩飾困難的感覺。

認知再評估跟更高程度的情感意識結合時似乎效果最好，[31]這代表在嘗試新方法來管理你的想法和感覺時，了解你對各種情緒的真實感受似乎有所幫助。這個練習並非要透過強迫你什麼事都往好處看來掩蓋痛苦或難受。

事實上，壓抑情緒並不是調節情緒的有效策略，[32]甚至會出現加劇抑鬱的情形。[33]當研究人員觀察人們被告知壓抑情感會發生什麼情形，例如上述考試焦慮的例子，或在其他研究中受試者被要求要發表簡短的演講時，人們不會因為壓抑感覺而有更好的表現。[34]然而，當他們再評估自己的經驗（以不同的方式去解讀），人們的表現便獲得改善。

發現成功更像是照亮被遺忘的經驗領域（成功），而不是將問題歸於黑暗。你可以將其此練習視為擴大你的覺知而非減少。這個練習的目的是要你通過敞開心扉用其他方式看待自己的生活，來幫助你調整自我批判的傾向。

如果你發現自己在練習中遇到困難，請記住嘗試新方法往往具有挑戰性。在你練習發現成功時，請不要因為任何批評、降低成就、自我懷疑或產生其他負面想法而自責。相反的，我們的想法是要為激勵人心的全新觀點騰出空間，藉由實際練習融入新的觀點，反覆執行。

思考題

1. 你會列清單嗎？如果會，列清單最棒的是哪個部分？你曾經在清單上寫下已完成的事情，只為了認可自己做了這件事嗎？
2. 你的日常生活中，哪些「成功」看起來較明顯，哪些「成功」則比較不起眼？
3. 你多常告訴自己要「往好處看」或「感到知足」？這麼做是否有用或能帶來幫助，還是會讓你對自己的感覺變差？
4. 你傾向於低估自己的成就嗎？你能否注意何時會發生這種情況？是否能嘗試獲得成就感？
5. 你的日常工作在哪方面與自己深層的價值觀相吻合？
6. 如果你進行發現成功練習，之後會有什麼感覺？

3 非評判或至少較少評判

在冥想工作坊和靜修營中，一個常見的主題是培養觀察經歷而不加以評判的技巧。導師建議參加者透過眼睛、耳朵、嘴巴和姿體動作的「根門」來注意——如果可以，回到學習說話前的初始感官。你能在給食物貼上「好」或「壞」的標籤之前，真正了解你正在品嘗的質地和味道嗎？你能在腦海尚未浮現鳥這個字的時候先聽見鳥兒的叫聲嗎？你可能會發現自己很難在不自動下判斷的情況下去注意自己正在經歷的事物，然而嘗試在解讀和評判出現前先流露出感覺，有助於改變舊有的注意力模式。努力本身可以改變你對當下發生的事的反應，無論在你內心或對外部世界的回應。

我幾年前參加了一個冥想工作坊，負責人大部分時間都會跟我們一起禪修，鼓勵我們進行在冥想期間，練習不帶評價地去注意我們的想法、感覺和其他經驗。然後，我們稍作休息。在進行冥想活動時，我們經常會鼓勵大家將所有事情都當作冥想，休息的時候也一樣：從冥想墊站起來、吃午餐、去廁所、穿上外套等等。概念在於盡其所能地觀察你所有的行為和經歷，保持冷靜和善意，而非透過批判的眼光。（「我喜歡這個；我不喜歡那個。」）抱持著這樣的想法，我和我的朋友布麗姬在休息時去喝茶，然後一起散步。我持續在內心以充滿興趣和好奇心的態度去注意，同時試圖拋開自動評價事物好壞的傾向。當我抱著這種有意識培養的心態走在路上時，一個東西從天而降，掉到我沒有杯蓋的茶杯裡。一隻鳥在我的杯中留下糞便。

除了這隻鳥轟炸的準確度外，最奇怪的是我並未感到沮喪。在我們走回茶點桌去倒杯新茶時，我持續保持開放的心態。幾乎在任何其他的情況下，如果心態不同，我可能會開始批判。（「噢！真慘！太衰了吧！」）但如上所述，我有意識培養的心態影響了我的反應，讓我對發生的事覺得很有趣。

冥想這個詞可以引起一連串反應。也許你對冥想練習相當熟悉，或者你對這個想法不感興趣或覺得陌生。無論哪種情況，我都推薦冥想作為有效減少自我批判和其他自動評價的方法。當人們剛開始冥想時，往往會注意到對冥想練習本身的批判（我不擅長冥想）。如果你能忍受甚至預期剛開始冥想可能沒那麼容易，這個練習可以提供你減少自我批判一個很好的渠道。冥想能讓你練習應付自我批判出現的狀況。它涉及把想法從自我批判中抽離，反覆練習就能減少自我批判的頻率，而且變得不再習慣批評。

正如緒論所述，正念反映了有意識注意當下的經歷，而選擇不去評判。正念可以發生在你專注保持正念的某些特定時刻，也可以在你將注意力集中在當下日常活動的時候。另一方面，冥想是你留出特定時間來練習的一個特定方法或技巧。例如，一次冥想活動可能包含坐在坐枕上，保持在二十分鐘內注意自己的呼吸。

儘管人們描述一系列不同正念練習帶來的好處，但有證據顯示，持續練習和一次練習更多時間都會導致好處增加。[1]堅持不懈的練習會在不曾檢視自己是否或做了多少的情況下，消除大部分培養正念的風險。定期進行冥想練習會讓你自然而然地更會注意自身的經驗。

冥想是解決自我批判一個有效的策略，因為涉及反覆建立除了自我批判外，另一個跟自己相處的方式。通常，自我批判因為太強烈而無法正面解決。我們很多人常常進行大量的自我批判練習，多年來已經建立非常強烈的自我批判傾向，即使**這種自我批判是無意識或非自願的**。自我批判已經在你內心札了根，建立隧道和摩天大樓，以及相互連結的高效網絡（這裡說的不是隱喻）。我們吸收來自家人、同儕和出生背景環境的訊息，對我們該如何、該做什麼、該有什麼樣子維持相同的評價。人們還會從目睹父母的自我批判和成人關係中的批評學會評斷自己。在尼爾·史蒂文森（Neal Stephenson）的小說《墜落》（*Fall*）中，主角的自我批判源自於與他結合、內化的前女友，「永遠地活在他的耳邊，在最不尋常的時候跟他說話，實際上操控著他的想法與行為」，用一些「讓他感覺糟糕的選擇性言論」。[2]

冥想沒有特別針對自我批判，而是通過減少對整體的評價傾向來減少自我批判。我們在某些時候或地點需要快速下判斷——例如，如果你是一名消防員、足球選手或救護技術員，這是一項非常重要的技能。然而，自動評價往往包含自責、自我限制生活中的哪些部分可以接受、反映刻板印象和其他偏見，或試圖控制一切的元素。以快速運轉、自動評價為主的心態不僅容易感到痛苦，也很容易受到刻板印象、種族歧視和其他偏見的影響。世界變得狹隘、緊縮。我們選擇自己喜歡、擅長和感興趣的人事物，然後拒絕其他一切。我們甚至會拒絕自己的某些部分，或者將其貼上不可接受的標籤，而這種拒絕會造成傷害。另一選擇則是有意識地培養觀察這些經驗的技巧，同時不去評判它們。

冥想加強了你「見證」的部分，也就是非判斷或善良的觀察者，同時讓你「判斷」的部分安定下來，或只是成為在許多念頭中觀察到的另一種想法或感覺。一位學生寫下在冥想期間與「觀察者」自我結合的感想：

有時我在冥想，我會感覺自己上升到一個更高的境界，漂浮在我自己想法的雲端上，跟一直始終注視著一切的那個更穩定、更崇高的自我結合在一起。我感覺我在冥想的時候，我跟那個觀察者自我進行連結，他對我自己的想法、感覺和行為有著無盡的憐憫。與這個「自我」共度時光讓我變得更堅強，因為那些特質照亮了我每一天；我的情緒更穩定了，更能夠擺脫無用的想法，而且在這麼做的同時，給自己多一點同情和愛。

通過這種方式，冥想可以在不加以評判的情況下提升對自己感受的認識，這是一種可以顯著獲得幸福的能力，即使在考慮了性格差異後也是如此。[3]另一位學生表示「經過幾週的冥想練習，我認識並調節自己情緒的能力得到了提升，效率也更高了」。

儘管許多初學者期待自己在冥想期間感到平靜或能夠「清空頭腦」，但練習冥想涉及許多心理挑戰，像是分心、無聊、懷疑、昏昏欲睡，甚至是自我批判。一反覆不帶評判地練習注意感覺和行為是通往減少自我批判和一般評價的途徑。一位學生指出，不帶評判地觀察「在非冥想期間也得到體現。我發現對自己更友善了，也能減少自我批判」。

在調查冥想和其他正念練習是否能幫助抑鬱、焦慮或創傷後壓力患者的研究中，研究人員發現減少評判是一種關鍵的行為機制——用來說明為什麼正念可以改善心理健康的主要因素。[4]冥想能幫助人們「暫停還是破壞負面或自我批判式的評估」。[5]因為減少評判似乎不會因為下定決心就能實現，你必須不斷練習新的方法，直到變得像舊有模式一樣習以為常。

核心練習

要練習非評判的正念，首先得找一個舒服、端莊、放鬆的坐姿。設定一個意向，努力將注意力集中在呼吸的感覺上（在你身體中呼吸最強烈的地方），但不要太費力，以致於感到很有壓力。記住你的任務是注意自己是否走神，盡量避免批判冥想的經過，然後把注意力拉回到呼吸上，反覆練習。即使你在五分鐘內做了一百次，每次你不帶評判地重新集中注意力，都會為自我批判提供寶貴的解藥。

簡單來說，這個練習的目的在於注意呼吸，但當你的思緒飄離時，要不帶評判地把注意力拉回來。如果出現批判的想法，一樣把注意力拉回到呼吸上，就像在冥想期間浮出任何其他念頭一樣。

聽起來很簡單，對吧？然而，當你坐下來冥想時，通常就會開始胡思亂想。你的心思會到處亂飛，飛到今天早上跟人說話的情景，或者你計畫在午餐後寫的電子郵件。但那一刻的沮喪（呃啊！我又走神了！）和自我評價（為什麼我就是做不好？）正是非批判正念的練習目標。在正念練習的過程中注意到這個模式，並有意識地不帶評判地進行觀察，不是泥土而是你懷裡的寶藏。你可能必須提醒自己，不要因為走神而批判自己（也就是去注意，但避免評判）是你進行這個練習的完整目標，而不是把心思全鎖在你的呼吸上。

根據我的經驗，冥想初學者最大的挫敗感源頭就是自我評判。不評判自己是需要努力的。當你試圖專注於自己的呼吸時，很難不去評判自己的行為，不去評判自己的心思走向（不敢相信我又跟男友在吵同一件事），而且不要去評判自己在練習期間必須重新把注意力拉回呼吸上多少次。注意力不足過動症患者（ADHD）有時會發現，停止因為分心而批評自己十分困難，但假如他們可以忍受最初的自我批判並持續練習冥想，過動症的症狀和整體健康狀況就能獲得改善。[6]練習減少對走神（也就是正念練習本身）的評判，同樣也能很好地歸納為使人們在日常生活中降低自我批判、焦慮和抑鬱。

研究指出冥想練習的實際功效其實是注意自己的心思走向，然後將其拉回到當下的環境中，反覆進行，不要因為不專心而批判自己。一組冥想研究人員將受試者分為兩組，各別給予不同指令。一組請他們監控自己的注意力，也就是只要簡單地觀察自己到底在想什麼。另一組則被告知除了注意自己的心思走向，還要練習自我接納（注意心思走向，然後以非評判的方式接受自己分心的事實）。經過數據分析後，研究人員發現後者更能發展出管理自己注意力的能力。[7]

我跟許多剛嘗試冥想或練習其他形式正念的大學生共事。練習冥想需要耗費心力，因為它涉及改變成形已久的注意力和專心的模式。學生常常表示冥想期間出現大量的自我批判，特別是他們對自己分心的自我評判。我花了很多心血說服學生這是正常的情況，告訴他們學習處理分心和自我評判是有價值的。下述是其中一名學生描述正念首先闡明而後減少自我批判的方式：

> 剛開始練習正念時，我會因為無法長時間專注於呼吸上而感到沮喪，導致產生更多自嘲的想法。但隨著正念的練習越來越多，我學會不要把心不在焉當成一件壞事，而是簡單地將其視為發生的事。我試著把這個練習更加融入我的日常思考中。這個練習確實幫助我以一種更好、更能理解的方式與自己對話和相處。

本章強調靜坐呼吸冥想（在不同背景和宗教傳統中，也稱靜坐式冥想、呼吸冥想和各種其他名稱），但還是有許多其他的冥想方法。大家所熟悉的方法包括數十次呼吸後重頭開始；專注於此時此刻聽到的聲音；行禪，專注於走路過程中身體的起伏；以及身體掃描，也就是在內心從頭到腳掃視身體的感覺。上述提及的每一個方法，概念都是**專注於當下正在發生的事**，並在你思緒飄走時，把注意力拉回來。本章強調靜坐呼吸冥想是因為它對於減少評判特別有幫助。[8]

非評判而拉回注意力的方法

在冥想期間分心，很難避免出現自我評判的情形。與其試圖壓抑自我評判，不如嘗試下列方法，讓你把注意力回到呼吸上：

- 充滿熱忱，就像在開派對一樣。當我把一部分的注意力集中在呼吸上，另一部分卻想著別的事時，我就會用這個方法。當我發現自己注意力分散時，我會想像把我所有注意力聚集在一起，並且在快到下次呼吸時，慶祝我的注意力重新集中：「我們全在這裡開始第七次呼吸，萬歲！」
- 滿懷幽默。正如電視節目《週末更新》主持人的招牌台詞：「我們又回來啦！」
- 像個好奇的偵探，觀察你的注意力分散和回來的感受。

- 感謝你的努力或意圖。
- 熱烈歡迎地表示：「歡迎回來！」
- 用正常的口吻說：「對，人的思緒就是這樣。」
- 帶著對自我批判的理解。如果出現自我批判，請關注批判本身，不帶任何評價。
- 「注意」到你的注意力跑偏了，也許用簡短的標籤進行說明（「前女友」、「思考」、「工作」或「計畫」）。有些人會在注意力回到呼吸前，用「思考」這個詞紀錄上述任何類別。
- 如果你發現自己出現評判傾向，就唱〈法官來了！〉（*Here comes the judge!*）。
- 帶著富有同情心的理解（當然，在你疲倦／飢餓／哭泣／聽到鄰居吵架時進行冥想並維持專注力是一項挑戰）。

上述任何技巧都可以成為在冥想期間注意並處理分心的試金石。你可能會發現某個方法對你特別有效，然後計畫在下次練習冥想時嘗試看看。例如，我的一個學生寫道：「我發現我會打坐，然後被一堆想法轟炸。我覺得這些注意技巧很有用，因為能讓我認識到自己分心，讓思緒來來去去，不要執著，然後重新把注意力拉回來。」

處理預設的評價

想被喜歡並希望人們對你有好感很正常。「別人會怎麼看我？」這個想法能促進交友、在工作場合創造正面的經驗，通常可以為運作良好的社會帶來貢獻。但這個想法可能會一發不可收拾。我們不只評判自己、評判別人，還會將對自己的評價賴在別人頭上，活在別人是怎麼想我們的想像空間中。這是一種強大的意志力，會假借地位、保全面子、隱藏脆弱、為自我和超我活動的形式出現，甚至在你的工作涉及別人對你的看法時現形。

我所在的大學諮商中心經常有學生報告稱，因為總是擔心別人對他們的想法感到極度不安。幾個學生斬釘截鐵地表示：「我討厭結交新朋友。」「討厭」這個詞似乎反映了害怕別人會怎麼看他們，這股恐懼強烈到更像讓人感到痛苦。

記得高中的時候，我老是擔心同學會評論我的長相和穿著，一部分原因是我每天都會聽見他們評論別人的外貌和打扮。作為一名歌手，我喜歡跟不同的音樂家群體一起創作音樂，但他們的談話也反映了每個人的歌唱實力。無所不在的評論已經融入我們的社會之中，舉凡在校成績、工作申請，甚至還需要取悅公司主管，僅只是走在街上也無法逃脫。在被虐待或種族歧視的情況下，變得對他人的看法習以為常這件事其實是努力適應的結果，儘管那種適應會造成心靈上的痛苦，而害怕別人對你的想法可能會延伸到需要評價的情況外。

然後是性別問題。女性通常習慣通過別人的視角看自己，想像別人是如何衡量我們的魅力、站姿、說話、走路或做事的方式。作家莉莉・金（Lily King）寫道：「身為一名女性，很早就被訓練去了解別人是如何看待自己，而且以犧牲你自己對他們的感覺為代價。有時候你會把兩者混為一談，陷入難以理清的糾結當中。」[9]女性的身分可能與照顧、娛樂、吸引或取悅他人的角色密不可分。剛開始拋開總是在意別人對我們的看法會覺得有點怪，但隨著練習就會變得更容易。具體的正念技巧，例如注意呼吸的感覺，可以訓練頭腦專注於當下的生活體驗，而不是想像別人對你的看法。

男性的性別規範也包含艱鉅的挑戰。男性在成長途中通常會明白他們應該要表現得堅強且有自制力，而且應該避免經歷或表現出各種情緒。男性可能會有意無意地批評自己有悲傷、焦慮、不確定和溫柔等情緒，也就是超出他們學會看待可接受範圍的經驗。有趣的是，許多職場現在要求男性展現「軟技能」，其中可能包含承認錯誤，表現出對自己的情緒優勢和弱點的認識，有效地鼓勵同事、分享他人成功的喜悅，並且用善解人意和積極的方式處理他人的感受。[10]一個讓社會化男性從正念練習中獲益的方法是練習注意比反映在傳統性別框架中更廣泛的情緒和感受。[11]

比方說，我的一個學生表示，每當他感到沮喪時，他的預設反應就是對自己說：「拿出魄力來！」不管他是感到緊張、生氣、不適或困惑，「拿出魄力來！」這句話就會浮現腦海。當他探索這個反應時，觀察到這句話背後隱藏著一種害怕讓自己或他的家人失望的恐懼。在包括冥想在內為期四週的課程中，他發現他能夠開始在不平判的情況下注意自己的感覺，也沒那麼擔心來自他人的評價。他寫道：「我開始慢慢喜歡上自己，也開始照顧自己的心理健康。」

冥想如何破除預設思考模式

自我批判等心理習慣反映了多年來建立的物理性大腦網路。要改變這些網絡（包含其物理結構和運作方式），我們需要反覆練習新的模式。

你可以把大腦網路想像成一個會隨著時間變化的城市地圖。你使用的道路越多，路就會變得越來越寬，也越堅固。創造一條新路比沿著平常的路線還需花費更多精力。聽聽神經學家的解釋：「被激發的神經元會連結在一起」，上述隱喻就可以幫助你想像大腦內發生的事情。也就是說，一組神經元以特定方式與其他神經元交流的次數越多，它們就越能建立起真正的「道路」，或說是網路，連接到大腦不同的部分。

大腦活動涉及兩個特定網絡：任務正網路（Task Positive Network, TPN）和預設模式網路，後者在第一章介紹過。當其中一個網路正在運作時，另一個網路就沒那麼活絡，反之亦然。第三個網路是警覺網路（salience network），涉及兩者間的切換。

當你在當下關注某件事的時候，任務正網路佔主導地位。如果你專注於工作、運動、創作音樂或從事另一項任務，任務正網路就會很活躍，它涉及的大腦區域包含外側前額葉皮質、前扣帶迴皮質、腦島和體感皮質。

當你什麼都不做的時候，你的大腦仍然相當忙碌。預設模式網路（包含內側前額葉皮質、後扣帶迴皮質、頂下小葉和海馬結構）會開始運作，以你習慣的方式進行傳遞、修改和處理信息，像是反芻思考（反覆思考相同的事情，特別是回憶和過去的經歷，沒有積極解決問題）、自我參照思維（以習以為常的方式思考自己的事）以及評判（決定一件事是好、壞還是中性）。

預設模式網路並非一無是處，而我們需要它才能生存。預設模式網路有助於我們連結過去、現在和未來，並幫助我們保持自己的身分和對世界的理解。沒有它，我們真的應付不來。我們必須能夠預測在即將到來的情況下可能需要什麼，並且記住人們和其他資訊。神經科學家馬庫斯・賴希勒斷言，預設模式網路提供了生存必需的整合。

我們在做出判斷時，預設模式網路處於活躍狀態。賴希勒解釋道：「不僅要記住重要的事情，還要為重要的事情賦予價值。預設模式網路前端部分，幾乎在你兩眼之間，鼻子正上方的位置，跟決定事情好壞還是無關緊要有關。換句話說，來自我們身體和外部世界輸入的資訊在進入杏仁核、下丘腦和腦幹之前，會先通過大腦的這個區域，從而產生我們日常生活中一直經歷的情緒反應——與我們跟這個世界相處的一切有關。」[12]

雖然預設模式網路看來有助於身體生存，但過度使用似乎會助長痛苦。反芻思考和自我評判（在預設模式網路運作期間會格外活躍）與抑鬱、焦慮和其他心理健康問題有關。事實上，預設模式網路區域之間更多的功能連結與反芻思考和不快樂的傾向有關。[13]在預設模式網路中，我們許多人都有一個工作過度和效率過高的大腦網路，該網路已經高度開發且快速運轉。這是由於我們的心理習慣塑造了預設模式網路的結構和功能。

因為預設模式網路有助於斷定經驗和思維如何與個人的關係（「這對我和我的生活來說有什麼意義」），導致正念導師喬・卡巴金所說的「自我化」，或通過不斷以「我、人家、我的」或「我的故事」背景敘事來詮釋人生經歷。[14]卡巴金建議我們需要有意識地調整「自我化」傾向，才能擁有平靜的精神生活。而其中一個方法就是冥想。

研究證據表明，冥想能降低預設模式網路的活動。[15]人們進行哪種冥想練習似乎不重要（例如，注重專注力或慈悲的技巧）；研究結果顯示，無論練習哪種冥想類型，預設模式網路都會減少活動。[16]整體而言，經驗豐富的冥想者大腦顯示較少的預設模式網路活動，大腦其他區域的網路則更加活躍——無論他們是否正處於冥想中。[17]冥想似乎增強了警覺網路的活動，所以當你陷入反芻思考時，很容易就能從預設模式網路中切換。冥想練習可建立大腦網路以及切換網路的能力間的連結[18]，從而減少「自我化」、反芻思考和評判，並獲得較高程度的幸福感。[19]

你可能會思考預設模式網路和任務正網路是怎麼在冥想期間運作的。當你坐下來，開始留意當下的每一次呼吸時，這個行為會導致任務正網路開始運作。然而，你的預設模式網路很可能會用它慣有的話術打斷（我不擅長這個；前四十名擔心和過去失誤的反芻思考；更多的「自我化」和自我批判）。你的工作是要注意你的注意力已經從呼吸上移開，接著再把注意力拉回來。這個過程會激發警覺網路，使預設模式網路安靜下來，重新啟動任務正網路。[20]在分心的過程中，你越批判自己，大腦的預設模式網路就越活躍；越少批判自己且越快讓注意力回到呼吸上，代表預設模式網路越不活躍，以及更常練習激發警覺網路和任務正網路。

隨著時間推移，冥想可建立有意識地切換預設模式網路的能力，並減少預設模式網路的整體活動。冥想練習加強了你的大腦網路和控制哪種網路運作之間的連結。[21]這種能力遠超過你的冥想練習並融入日常生活中。事實上，冥想練習會隨時間重塑預設模式網路的結構，使大腦的預設狀態變得更加關注當前的事，而且更能全神貫注。[22]

在練習冥想期間，分心是訓練大腦從預設模式網路切換的必要因素。倘若永遠不會分心，你就不會有機會練習激發警覺網路，從預設模式網路跳脫出來。而這個練習就是冥想能夠減少自我批判的原因：預設模式網路較少活動，就代表較少出現「自我化」和評判。但練習是不可或缺的。你必須重複這些動作，一遍又一遍地練習，從而改變這些大腦習慣，建立不同的連結和過程。

冥想會減少對他人的評判

記得大學有一次，我們在某個同學的宿舍裡圍了一圈席地而坐，漫不經心地聊著生活和對上課各式各樣的想法。另一個學生提到「你是自己最顯著的特徵」的社會心理學現象，即別人會從任何看起來最引人注目或不尋常的地方看待你這個人。「對呀，就像那個扭屁女！」有人說。「對，我知道扭屁女，她在餐廳工作，對不對？」我變得多心起來，心想：我最讓人印象深刻的地方是哪裡？別人會怎麼記得我？討人喜歡嗎？還是相反？

快速評判一個人是我們大腦的預設機制，通常甚至根本不曾意識到。我們注意到一個人的某個地方（很可能是他們的外表），然後，尤其是當周圍有很多人，或我們還有其他想法時，我們會做下一件事。但這種過度簡化的評價會導致各種偏見，包含種族歧視、性別歧視和年齡歧視。研究顯示，冥想會降低種族歧視和年齡歧視的程度，因為人們會減少自動聯想的狀況。[23]

我還懷疑根據外表很快地對別人做出自動評價會導致孤獨甚至是自我批判。當你將別人視為單一的配角或臨時演員時，彷彿只有你努力處理複雜而充滿挑戰的內心生活。這個錯誤假設看起來很真實，同時非常孤立。

神經科學家瑞克・韓森傳授的一種冥想練習稱為「看見存在，而非外在」，有助於破除對人進行分類、評判和「物化」的習慣。[24]他建議當你遇到某個人時，可以試著記住他們扮演的不同角色（老師、父母、朋友、兒子、聰明、有趣、偵探小說的讀者）。你可以嘗試想像他們內心的複雜性，以及肯定圍繞在他們周圍的所有想法和情緒。你可能還會注意你觀察到內心每時每刻的變化（像是感到精力充沛或困倦，還有你對那段對話有什麼感覺）。然後，你可能會考慮其他人是怎麼發生這些變化的。你可以對某個感覺「中性」的人試試看這個練習，例如公車司機或咖啡廳員工，接著再找更親近的人試驗。

在為期一週的冥想靜修營中，我嘗試了「看見存在，而非外在」練習。首先我注意到對其他參加者單一的印象：「紫髮女孩」、「刺青男」或「輪椅男」（我猜，在我自己的預設評價空間裡，我會是「孕婦」，完全被這個特徵定義）。然後，我刻意去注意他們身上較不明顯的特徵：「刺青男」伸手去拿我喜歡的那種辣醬；「紫髮女孩」似乎很會切紅蘿蔔。我還想像其他人過著跟我一樣多面向的生活。我發現當我把用第一印象去評判或給人貼標籤的衝動拋諸腦後時，我感到較不孤獨。

冥想可以加強像是「看見存在，而非外在」之類的練習，因為冥想可以建立不帶評判注意的能力，或至少可以減少評判。當你注意到自己的呼吸時，可以觀察到不同的面向。也許有些呼吸短促、綿長、有點淺，或有點深。吸氣或吐氣分別有不同的身體感受。雖然可能會出現評判的話，但在你冥想的時候，可以藉由注意呼吸在身體裡的起伏，練習觀察身體感覺（現在呼吸在我體內感覺如何？）而不是利用大腦和你貼上的標籤。隨著時間推移，這個練習可以在不帶標籤或不加以評價的情況下去注意。

冥想期間處理自我批判

冥想期間，除了因為注意力不集中而批評自己外，還有其他可能出現自我批判的方式。你可能不喜歡當下浮現的念頭或感覺——甚至可能感覺彷彿你不喜歡自己有這些感覺。或許問題更偏向生理方面。如果你發現自己感到身體緊繃或緊張、坐立難安或睡著了，你可能會責怪自己冥想的方式不對。也許你會對自己沒辦法堅持練習冥想而生氣，把冥想中正常的起伏視為做錯的跡象，對因為沒有如預期般很快從冥想中獲益而感到失落。這些都是真實、有根據的感覺；然而，它們都包含了自我批判的因素，將冥想會遇到的挑戰當作是因為你或練習方法有問題。在實際體驗冥想時，你有機會在練習期間注意到自我批判以及其他問題。下述是冥想期間出現自我批判或其他問題時的處理方式：

- 帶著好奇心。當你在靜坐期間注意到你的經驗及這些經驗是如何影響你的自我對話時，你可以帶著好奇心去探究當你批評自己不會冥想時發生什麼事。

冥想期間因為注意力不集中而自責是否反映出一種整體感受，也就是你往往不夠好、做得不夠多？這麼想是否讓你覺得很熟悉或放鬆？出現自我評判的時候是怎樣的身體感覺？你能否試著用身體去感受，而不要產生那麼多想法？

- 透過一次冥想較長時間。因為冥想很難（但對於學習處理想法和經驗的新方式通常很有價值），許多初學者喜歡從一次冥想五到十分鐘開始。但很多人（甚至是經驗豐富的人）發現他們的思緒大約需要二十分鐘才能沉澱下來，像是一顆雪球被打散。有人甚至把前二十分鐘當作一種熱身。等到你發現自己的思緒需要更長時間才能平靜下來，且你也已經準備好的時候，你可能也會抽出時間來嘗試靜坐超過二十分鐘。
- 透過在冥想期間改變目標。你可能會發現自己特別注意專注於呼吸的念頭。如果你把目標從保持專注改成觀察自己能多心平氣和且和善地接受自己分心會怎麼樣？你能多冷靜地把注意力拉回來？你能多心平氣和地重新集中注意力？心態有多麼公正？
- 透過將注意力從思緒轉移到身體上。所以你正在注意你的呼吸，但你注意的方式仍夾雜許多想法。而在你想東想西的時候，就算關於呼吸，也更容易轉移到其他想法上，例如你得寫一封電子郵件，或你冥想的方式是否正確。你能否將注意力從由上往下地注意你的呼吸轉移開來，讓其深入你的身體裡？也許你的注意力會變得更深入身體當中。

- 透過在這一刻發現新事物。你能敞開心扉去注意在這個當下的新事物嗎？也許你在鼻腔的位置感覺到這口氣，它的氣味有點不同，或者你可以觀察氣息在你身體不同的部位流動。在這個當下任何身體的感覺（眼睛稍微瞇起來，或腳趾彎曲），除非你將其解釋為對你的生活或未來有某個意義，都可以讓你鎖定在某個當下。而發現新事物也可以帶來我們尚未見到的希望——擺脫過去的習慣。
- 抱著慈悲心承認。對，冥想很難。改變心理習慣也很難。若是沒有確切的科學依據冥想確實能帶來幫助，我不會推薦這個方法。但這很難，抱歉必須這麼說。或許你也可以承認這真的很難，驗證冥想有時候會讓人沮喪，並不斷鼓勵自己這是一個過程。
- 透過注意中性的事物。你可以關注沒有特別「好壞」的呼吸感覺，聆聽四周的聲音，或注意你走路時環境的各方面。二〇二〇年十一月的第一個禮拜，我發現我因為在等美國總統大選的結果而坐立難安。我試著在行禪期間注意四周的落葉。有黃色、紅色、棕色、綠色、粉紅色、紫色和橘色，有的落葉顏色漸變、形成對比色。被風捲起、飄浮和在原地不動的。讓我感到安慰的是，樹葉不在乎誰贏了選舉；以中立的方式注意事物提供我的心靈一個避風港，讓我在焦躁不安時穩定下來，這樣我就不會那麼專注於我的恐懼或要怎麼應對。

- 有耐心。試著記住這個練習是要隨著時間推移建立有用的習慣，比如刷牙。正念導師阿姜布拉姆（Ajahn Brahm）建議我們不要期待每一次冥想都會「有報酬」。有時可能看似平淡無奇或困難重重，這也沒關係。在醫療緊急情況下，雪倫・薩爾茲堡（Sharon Salzberg）導師表示她「做日常練習，就像每天一樣，即使很無聊，感覺像什麼事都沒有發生——這就是在危機時刻支撐著我的信念」。[25]

另一個處理自我批判和其他自動評價的方法就是實際在練習中專注於「不評價批判」。一旦你有意識地注意你的自動評判，你可能這種情況有多普遍感到驚訝。一位朋友在正念靜修營花了整整一天觀察自己評判的現象。因為評價自己評判的現象很容易（我真不該這麼批評別人；我真不該對自己這麼嚴厲），他以一種中性的方式專注於注意自己評判的行為，只是靜靜地觀察。當他描述那次經驗時，他對自己注意到大量評判的現象感到震驚。「我整天都在評價。」他說：「我注意到『我在評價她；我在評價他；我在評價食物；我在評價自己評價的行為。』」當他向我講述這段經歷時，我注意到他似乎沒有因為自己的評判而感到痛苦。把心神停留在「注意到」評判的當下，而不是試圖停止評判，光是這樣就能讓人感到放鬆。

冥想練習中的變動

有時候我希望冥想可以馬上達到減少自我批判的作用，特別是當我向其他人推薦冥想的時候。但事情當然沒這麼簡單。冥想可以有效地減少自我批判，但需要時間。大部分人需要至少幾個星期的規律冥想練習，連續幾個月很可能可以提供更多幫助。

一開始的幾次冥想可能會很難。只是坐著把注意力放在呼吸上可能會很無聊和困難。一位學生寫道：「我可以輕鬆滑一個小時的手機，感覺像只過了五分鐘，而靜坐五分鐘卻讓我感覺既困難又漫長，這簡直讓人抓狂。」我第一次嘗試冥想是在大學的冥想工作坊，感覺幾乎無法忍受。我並不急著再次嘗試，所以我很長一段時間沒有進行冥想。這似乎是一項艱鉅的心理活動，更糟糕的是，我覺得我不擅長冥想，認為我不適合冥想，冥想也不適合我。多年後我在瑜珈課上再次嘗試冥想，經過一遍又一遍地練習，冥想漸漸變得簡單多了。在堅持練習的最初幾個月裡，我感到身體坐立難安；然後我努力在不批判或起身的情況下注意不安的感受；最終，我的不安跟著消失了。

即使經過多年的冥想，我仍然還是常常出現雜念，特別是在我的思緒開始「安定下來」的時候。我會坐在那裡，努力專注於呼吸，然後其他念頭會闖進來：我要寫的電子郵件、隨機的回憶或晚餐要煮什麼。我可能會注意到內心開始出現自我評判（「為什麼我沒把手機通知關掉」）。我經常體驗到注意力分成「兩半」的現象，一半集中在我的呼吸上，另一半則漫無邊際地胡思亂想。在那種情況下，一旦我注意到，就會將雜亂的思緒集中起來，回到我的呼吸上。

然後下一次呼吸，我可能會觀察到空氣在房間流動的方式帶來的愉悅感，或產生「現在我擁有所需的一切」的念頭。這有點混亂。因為我習慣了，這個混亂的情況並沒有讓我感到困擾。我知道我的大腦就是這麼運作的。我也經歷過沒那麼混亂的時期，整個冥想練習感覺更平靜、穩定、有洞察力甚至超然。我知道即使某次冥想感覺很失敗，重點是要規律地練習去注意感覺和想法，接受它們，並重新集中注意力。

如果你多練習幾次冥想，很可能會注意到練習過程中的差異。我的一位學生評論道：「諷刺的是，變動是我的正念練習中從未變過的部分。」冥想初學者很容易將他們的冥想貼上「好」或「壞」的標籤，尤其在分心的次數上面。隨著時間推移，有過許多冥想「起伏不定」的經驗，對於冥想本身的評價似乎會變得溫和。一位學生寫道：「冥想實際上改變了我覺察『糟糕』的方式，因為當我以非評判的心態帶著糟糕的感覺坐著時，我真的開始把我的失敗視為學習的經驗。」

另一位學生描述每一次冥想似乎都會經歷「輕鬆」和「困難」的時刻：

> 如果我必須把我的冥想練習做分類，我確實注意到有時候很糟，有時候很不錯，但我更願意稱之為困難，而不是糟糕，幾乎是一個挑戰，好的練習只是更輕鬆，但成果不一定好。感覺較困難的練習通常會感到煩躁不安，一直想著時間還剩下多少，或者因為疼痛而經常走神沒辦法呼吸。較輕鬆的練習通常會有種優雅的感覺，能透過冥想產生心流，感到頭腦很清醒。話雖如此，大部分練習都有好和糟糕的時刻，沒有一次冥想是完全沒有挑戰的，而每一次困難的練習都能讓我獲益良多。最重要的是，每練習一次冥想都讓我的生活變得更好。

你還可以透過結合不同類型的冥想或換個環境來改變自己的練習。你可以嘗試行禪，仔細注意步行時的身體感覺和周圍的視覺風景，並在分心時重新集中注意力。很多人喜歡有引導的冥想，此類冥想中，老師會提供關於呼吸冥想、身體掃描或其他冥想類型的指導。在課堂、工作坊、宗教設施或靜修營中進行冥想會帶來不同的形式參與感。無論你是否決定嘗試冥想，我都希望你能找到更有耐性、好奇、友善且較少評判的方式與自己相處。

思考題

1. 當你考慮練習冥想時，預計會出現怎樣的挑戰（例如，覺得無聊、懷疑、沮喪）？如果你已經嘗試冥想，那麼在你練習的過程中遇到了哪些阻礙？你是怎麼處理的？
2. 你是否觀察到人生中有任何評判的心態轉變？你是否曾經感覺自己比現在較少評判、較常評判，或對不同事物進行評判？
3. 有沒有什麼想法和感覺是你無法接受的？例如，你是否會阻止自己出現某個感覺，像是憤怒或悲傷？
4. 你花多少精力評判自己？在你每天或當下的經歷中出現的頻率為何？你期待減少自我評判會帶來什麼好處嗎？
5. 你能注意到大腦的預設模式網路、任務正網路運作，或有意識地在兩種網路間進行切換的時候嗎？

6. 你是否在練習冥想的過程中注意到任何自我批判的現象？如果有，你能否心平氣和地注意，然後重新調整你的注意力？

4 轉敗為勝或先行動再思考

我喜歡這句話：「早早犯錯，常常失敗，轉敗為勝。」當人們跟失敗的關係是負面的時候，我總會感到有點沮喪。失敗是能夠成功很大一部分原因……你必須嘗試，放手一博。你得去做幾乎注定會失敗的事。所以才需要練習。練習是可控的失敗；你會達到極限，直到突然間，你的身體做出調整，然後你就能辦到。失敗實際上能幫助你認識自己需要進步的地方。所以記住，早早犯錯，常常失敗，轉敗為勝。

——威爾・史密斯

行動和思考，到底哪個先發生？苦於自我批判的人可能會認為想法總是先出現。包括對失敗恐懼在內的自我批判思維會使我們癱瘓，讓我們無法按照內心深處的價值觀行事。當你的大腦自動擔心會把事情搞砸時，你就很難開始一項鍛鍊計畫、申請新的工作或請別人吃午餐。與其等到自我感覺好些再採取行動，我想要在這裡顛覆這個你習以為常的邏輯：**先行動，再思考**。健康的行動會導致健康的自我對話，特別是具體、有計畫且前後一致的行動。

動力、自信和幸福都可以來自重複進行的正向行為。例如，定期的服務行為是很多宗教和靈性傳統的核心部分。概念是服務本身（行動而非意圖）會培養正向的內心狀態。人們不是在幫助別人前就是慷慨的人，而是通過幫助別人變得慷慨。這條從行為到信念的路，對相信自己就是沒辦法開始約會、寫短篇小說或自己烤好一個派的人同樣有效。

心理學教授有時候會在黑板上畫一個三角形，分別將三個角標上「想法」、「感覺」和「行為」。這三個領域會互相影響。例如，自我批判的想法（「我不擅長交朋友」）會導致感覺難過並避免社交。也可能會朝另一個方向前進；也就是因為避免社交導致對社交感到更焦慮。

當你嘗試改善幸福感時，想法、感覺和行為之間的交互關係也會起到作用。

然而，只擁有（並且真心相信）健康的想法或產生更愉快的感覺很難。如果你能容忍自己實際上可能缺乏動力，那直接行動可能是非常有效率的策略。你可能會捫心自問：「如果我對自己感覺更好，我每天會做什麼？」你能直接開始行動，不用等到先從自我批判中跳脫出來嗎？你可能會發現開始新行為後，自我批判也隨之減少。

「先行動再思考」是用來解決受到自我批判影響目標的方法。「三思而後行」這句話中的行為可能會傷害你或其他人。所以，當我鼓勵人們「先行動再思考」時，我不是要你對人大發雷霆或隨便花錢。而是要你優先採取行動，這麼做有助於你跨越阻礙你前進的自我批判——還沒開始行動前的自我懷疑。

確定行動的優先次序有助於減輕對失敗的恐懼。害怕失敗是自我批判一個常見的面向。有時候失敗的感覺會被需要我們注意的其他事情推動，比如會導致悲傷的損失。但大部分時候，失敗是學習新技能一個很正常的部分。而在那種情況下，執著於失敗就會是一個很大的障礙。我們需要能夠容忍或從失敗中學習，不要就此放棄或永遠不開始。運動員、音樂家和廚師都了解失敗是學習新技巧、音樂或菜餚過程中的一部分。作為一個有愛心的父母或伴侶還包含願意犯錯並修正錯誤。**自信來自從問題中學習，並且重複嘗試**，不要退縮或輕信那些急著將失敗解釋成你有問題自我批判的聲音。加深對當下行為的關注和好奇有助於你堅持下去，也能夠減少對失敗的恐懼和其他層面的自我批判。

這個想法是即使存在自我批判也要行動。然而，你得考慮一下要採取何種行動，以及打算如何使它們變得具體、規律和一致。在你用新方式採取行動來改善自我批判時，給自己留出一個不確定甚至失敗的空間，行動時保持成長心態，勇於分享挫折並接受支持，不要感到羞愧都很有幫助。

藝術家史蒂芬妮·克里梅爾（Stephanie Krimmel）闡述用她創新的方法養成每天創作的習慣。在科技領域工作了二十年後，她知道自己想要另謀出路。但要改變職業身分需要一些新方法，她不確定該怎麼開始。她解釋道：

我完全不允許自己迷路或探索。我猜我覺得「不知道」是脆弱的象徵，或至少讓我真的很不自在。突然有一天，我覺得在我做某件事的時候會讓我比較自在，而藉由做那件事我會學到一些東西，或至少嘗試過。我決定嘗試的事情之一就是用 iPad 創作電腦繪圖。我買了一台 iPad 和 Apple 觸控筆，下載一些繪畫應用程式，然後將近一個月根本碰都沒碰。我對此的藉口是沒有買 iPad 的外殼，不希望 iPad 有任何損壞，但我想我沒有開始的根本原因是我不知道該怎麼開始。

我決定每天花六分鐘「摸索」電腦繪圖。第一天，我從描繪我家院子的百合開始，計時器在六分鐘響起的時候，讓我嚇了一跳——時間似乎倏忽即逝！第一幅畫從任何方面看來都不是曠世巨作，但我發現我真的很享受創作的過程。所以隔天我畫了另一幅畫，再隔天又一幅。自那時起，我每天都會練習電腦繪圖；這是這兩年來我幾乎每天都會做的事。

這些年來，我的藝術作品變化有點大，我的心態也一樣。我允許自己有不了解的事物。這些日子來，不了解的事物變成我所景仰的東西，並非恐懼，因為這代表我可以去探索並學習新的事物。我發現自己更願意去摸索讓我不自在的東西，而非逃避。我感到自己更有勇氣，而且比過去的自己更自由。1

史蒂芬妮沒有等到覺得某個想法或企劃確定值得執行才開始行動。她的行動反而讓她感到更自信。她的經歷也反映了設定一個特定任務的重要性，而不是只停留在對創作藝術的模糊想法——以她的例子看來，就是一天六分鐘。史蒂芬妮把重點放在摸索，而非自我評價，允許她自己嘗試新的事物。她的感想也表明她對藝術創作的深深投入，可能因為限制練習時間而加強。最後，她也表示多年來保持這個習慣並感受到這麼做的好處。

核心練習

從一個你覺得自己可能感興趣的活動開始，但需要加入一些新的元素，讓這件事和你過去做過的有差異。每週至少安排一次新活動，然後實際去做、去犯錯，讚美自己的努力而非結果，然後不斷反覆地嘗試。

蛙跳策略或即使不想也要積極行動

我想在這裡提出一個減少大量自我批判和持續感覺失敗的心理狀態的好方法，雖然它有個怪名字：行為活化。我通常將行為活化解釋為「就算心裡不願意，也要從事積極的行為」。「積極的行為」可以是任何並非久坐或被動的活動：園藝、健行、跳舞、嘗試新食譜或社交。研究顯示行為活化是一種改善心理健康的高效策略。[2]與其等待做某件事的動機，不如先做再說，這麼做往往就會找到動機。事實上，研究表明行為的改變，通常是**從採取行動開始**，而不是經過長時間的思考和計劃，像是戒菸。[3]

行為活化因為幾個不同的原因能帶來很好的效果。藉由讓行為優於想法和感覺，可以更快產生變化。一旦你從「想做某件事」或「不知道何時要做某件事，也不知道這個選擇好不好」的想法中脫離出來，只想著「去做」，就會更快行動起來。但你必須拋開為什麼現在不是時候的想法和感覺，從當前的思考模式一直跳到採取行動本身。這個「跳」就是最困難的部分。

在你克服缺乏動力的難題，或自我懷疑和預期的自我批判（「我會失敗，所以我根本不該嘗試」），直接進展到開始你不確定能否做得到的事後，結合一些使人安心的自我對話會有幫助。「你完成一部分了！」你可以向自己喊話。「雖然你不覺得自己做得到，但你完全做到了！你行動了！這跟沒行動就是不一樣！」即便這些話感覺很老套或不真誠，但這麼做有助於稱讚自己，或用好話勉勵自己。這種勉勵能加強正面行為，培養更健康的自我對話，並延長整個週期。正面的行為會導致正面的感受，從而導致更多正面的行為。

然而，這非常難做到，真的很難。當你沒有動力的時候，不管是你沒有意願，還是因為心情低落，都很難付諸行動。行為活化需要用力地推一把。但只要開始了，很容易就能堅持下去，而正面的生理訊號加強了你再次採取行動的可能性，而且加強自我對話也有所幫助。

多年來，我常常跟別人談及鍛鍊身體的難關。我非常推薦我所有患者和學生定期運動，若是身體狀況允許的話，因為有清楚的證據顯示運動有助於人們改善心理健康，對自己有更好的感覺。[4]工作安排時常是定期運動最大的阻礙。有時候運動似乎是個奢侈的活動，只有實現財務自由或職業發展足夠成功的人才有資格運動，因為他們不需要一個禮拜七天、每天工作二十四小時來獲得上司賞識。

記得我曾經也有一段時期忙到根本沒時間定期運動。我在波特蘭退伍軍人醫療中心工作時，每天早上八點到職，下班後累到完全動不了。我對一個也是心理學家的同事抱怨我遇到的狀況，她只反問我一句：「妳要怎樣才能定期運動？」

這個問題促使我認清我必須有具體的行為才能定期運動。關鍵在於我一開始就得排除萬難，因為起床和出門非常困難。我很快就想到我必須穿著運動服睡覺，五點半起床去上六點的鍛鍊課程，然後把隔天工作的衣服和背包事先整理好，我就可以從健身房直接前往退休軍人醫療中心。一旦我想清楚怎麼實行計畫，我便能直接付諸行動。這讓我身體和心理的感覺好多了。

當我的患者告訴我他們在運動上遇到的困難時，我對他們感到同情，同時也會提供策略。我催促對方先行動，就算是小小的行動也好，再考慮怎麼計畫這些行動，變成一種規律。決定某個小小行動可行或是必須的，代表你在嘗試新的作息時也改變自我對話對成功的定義。人們普遍認為自己需要一個小時的運動時間，是因為他們通常相信自己需要「完整的鍛鍊」。想要刺激自己展開行動，我的建議是一開始設定一分鐘的計畫就好，像是走進健身房、做特定的伸展動作或慢跑。要騰出一分鐘來需要有什麼準備？我們能解決任何潛在障礙嗎？我記得一個學生想要恢復跑步的習慣，但他把跑步鞋放在父母家，而非他的宿舍。解決這個具體的阻礙幫助他再次開始跑步，並對自己有更好的感覺。我們所需要的只是行動，而非深入分析缺乏的動力和其他內心阻礙。

有時候我會把這個介入干預的行為稱為「踏出第一步」。這是要提醒你，不要太關注自己的情緒感受（尤其是在動機方面），反而強調踏出家門的第一步。如果運動似乎不適合你，我鼓勵你開始或繼續尋找其他你有興趣並投其所好的活動。你可能會選擇上課、學一門新語言或去食物救濟站、輔導中心或動物收容所當志工。無論你的行為活化是否跟運動有關，都能幫助你在某個特定時間和其他人一起身處某處。如此一來你就能減少拖延，並且能獲得把社交活動和你的行動結合的額外好處。

增加積極行動可以大大改善抑鬱、焦慮和其他會出現自我批判的問題。然而，事情不會永遠順利進行。你可能會受傷、你喜歡的日文課可能會結束，抑或是你開始的裝修工程可能比你想的還棘手。在上述情況下，你可能得提醒自己遇到挫折是生活的一部分。一個能讓失敗較不難受的方法，就是選擇實際上需要失敗的活動。

失敗是特性，並非錯誤

我在診療室和課堂與大學生接觸的過程中，對我們的文化是如何培養年輕學子看待失敗留下了深刻的印象。大部分人在剛上大學時，為了避免失敗，它們會選擇感覺「擅長」的科目和活動。如果你要一個四歲小孩畫一張畫、唱一首歌或跳舞，他們只要心情好，有大概率會直接照做。我們都接受失敗為學習過程中的一部分。你不可能沒有失敗個無數次就學會走路或說話。我喜歡想像一個嬰兒說：「還是不行，其他人會走路，但我似乎不是他們的同類，我還是躺著好了。」

但當我們不再是嬰兒，或許進入蹣跚學步的階段，我們似乎就失去了對犯錯的容忍，以至於接受失敗作為正常生活的一部分是一個巨大挑戰。學校讓我們暴露在評判的衝擊下，將孩子們分為「擅長」運動、「會」音樂，以及藝術「細胞好」的人。那麼到了大學，孩子們已經學會自我選擇，只參加他們感覺「擅長」的活動，因為失敗是如此痛苦。我的很多學生似乎對嘗試新事物或冒險認識可能與他們合不來的人所帶來的價值感到懷疑，只做他們感到自在、風險最低的活動似乎容易得多。為了感到成功，我們通常會把失敗的實例區分開來，使失敗遠離自身的認同感。**我們讓失敗變得陌生**。

這些學生和我們其他人可以從學習接受並處理失敗中獲益。但我們很難忘記避免失敗的策略，從而變得願意接受失敗。整個過程涉及行動，需要失敗和容忍失敗的生活經驗。

如果你發覺自己的自我對話習慣特別難以容忍失敗，那麼我強烈推薦靜坐冥想（老實說，在很多情況下，我都強烈推薦靜坐冥想）。我的意思是實施特定正念技巧的正式練習，例如注意你的呼吸，一遍一遍地反覆練習。這個練習一部分是為了重新拉回你的注意力。首先試著集中注意力，然後分心，再把注意力拉回來，不要因為失去專注而評判自己。如此反覆練習無數遍。

實際上，你沒辦法在冥想期間使專注力變得「更好」（或許可以這麼說，在不怪罪自己的情況下重新集中注意力，實際上不會讓這件事變得更容易），除非你練習了好幾百次、好幾千次。為了學習在不評判自己情況下重新集中注意力，讓這件事變得容易，那些「失敗」是必要的。但隨著時間推移，有事情發生了變化。分心不再是一件大事。你會習慣失去專注然後重新拉回注意力。當你不再對分心感到批判後，對任何事的自我批判也會減少。

我試圖讓在冥想期間「失敗」的過程正常化，所謂的失敗指的是注意力不集中、變得焦躁不安，並觀察到有批評自己的衝動。那是我的使命。我剛開始接觸冥想是在我大學的時候，當時我覺得冥想很痛苦——非常困難而且無聊。我在前幾個月裡每天打坐，冥想帶給我的慰藉增長緩慢。

在冥想期間經過無數次注意力不集中的情況後，我越來越願意承認，並和我的另一半和孩子們一起修復錯誤。我會公開談論犯錯，也很願意失敗，以至於我三歲兒子每天早上都會問我，用一種好奇而非批評的方式：「媽媽，妳今天要犯什麼錯呀？」

假使你不習慣冥想，那就試看看做一件你肯定會失敗的事，像是嘗試新食譜或玩新的運動和樂器。用更旺盛的好奇心練習失敗，而非去評判。行動在這部分至關重要。不僅僅是要培養新的心態，還是一遍又一遍地刻意創造生活中的失敗經驗，並且接受它。重點不只是心態，而是心態加上實踐。

與有償工作和人際關係等更具挑戰的事情相比，練習像是專注於呼吸或嘗試新嗜好之類轉敗為勝的事更容易。變得能更自在的面對低負荷活動的失敗後，就能延伸到高負荷的領域。

正念導師塔拉．布萊克（Tara Brach）建議加深對當下的關注，以應付對失敗的恐懼，因為害怕失敗涉及將自己投射到一個假設的未來。這是很多教練鼓勵球員做正念練習的部分原因。他們希望球員把心思放在比賽上，不要因為擔心接下來會發生什麼及其意義而分心。接受過正念技巧訓練的球員表示他們處於「心流」或「進入狀態」的時候更多，成績也有所提升。[5]

過度解讀為失敗

一九六四年，天文學家阿諾・彭齊亞斯（Arno Penzias）和羅伯特・威爾遜（Robert Wilson）為了偵測銀河系中的遠距離輻射，改造了一台老舊的電波望遠鏡，使其感應系統變得異常敏感。然而，他們聽到持續不斷的背景噪音，阻饒他們觀察想要的結果。由於不知道噪音從何而來或該怎麼讓噪音停止，他們變得非常沮喪。也許干擾源來自鄰近的紐約市，或是與天氣有關的靜電。然後還有鴿子。有兩隻鴿子在接收器裡築巢，糞便和鴿子羽毛散落地到處都是。

彭齊亞斯和威爾遜花了超過一年的時間試圖修理或解決噪聲的問題。他們趕走了鴿子，還把鴿子糞便刷乾淨。（我可以證明他們確實是親自清洗——作為新進職員，沒有博士後或研究所在讀的學生幫忙。）他們希望天氣能有所改變，但仍找不到他們試圖檢測的微弱信號。靜電一直穩定的從天空各處發出，沒有波動。這不像天氣、城市噪音或鳥類造成的。然後彭齊亞斯碰巧在搭飛機時遇到另一名天文學家伯納德．柏克（Bernard Burke）。柏克建議彭齊亞斯諮詢普林斯頓大學的一位理論物理學家羅伯特．迪克（Robert Dicke）的意見。

一聽彭齊亞斯描述那個噪音，迪克就知道那是什麼了。他和其他人假設，具有高度靈敏的電波望遠鏡可以接收在大約一百四十億年前大爆炸遺留下來的輻射。他和他的同事已經準備尋找這個輻射，或說宇宙微波背景，並計畫建造自己的天線進行探測。（「該死，我們被人搶先一步。」顯然迪克把這件事告訴了他的團隊。）彭齊亞斯和威爾遜因為他們的傑出貢獻，於一九七八年獲得諾貝爾物理獎，提供了宇宙大爆炸說的第一個直接證據，並為學習宇宙是怎麼以及何時發生、它的成分和膨脹程度奠定了基礎。

這個故事有很多讓人喜愛的地方。不知為何，提到鴿子糞便的部分尤其讓人感到心酸。也就是說，那些天文學家不僅沒發現他們聽見的噪音就是能獲得諾貝爾獎的偉大發現，還真的認為那是鴿子糞便的聲音。他們研究第一年的整個過程便是典型將事件誤判為失敗的例子。現象本身（噪音）沒有改變，唯一改變的是內心的解讀：那靜電不是糞便，而是幾百億年前大爆炸的聲音！

我曾讓心理學課的學生想想看有沒有當時覺得失敗卻因此獲益的經驗。他們的討論充斥著「失敗」的關係幫助他們理清自己內心的先後順序、失敗的作業讓他們養成新的學習習慣或資訊來源，以及因為運動傷害發展出其他優勢和興趣。這些案例都來自過去的經驗，但我覺得我們可以想想看現在，並捫心自問：目前有什麼像是失敗或挫折，但可以變相成為成長的泉源？

將定型心態轉變為成長心態

如今，就自己的能力而言，擁有「成長心態」而非「定型心態」與幸福和成功密切相關已是時勢所趨。與其想著「我擅長這個」或「不擅長這個」，秉持像是「我可以從此次經歷中學習」或「我可以透過練習在這方面做得更好」的觀念，更有適應性且更能達到高水準的幸福感。「成長心態」可以成為健康的自我對話的重要因素。

關於這個主題的研究大部分來自史丹佛大學的心理學教授卡蘿．杜維克（Carol Dweck）。杜維克鼓勵人們注意自己內心混合的「定型」和「成長」心態，以了解他們的心態發展歷程，觀察跟自己心態相關的自我對話，並採取以成長為導向的行動來改變關於目標和假設限制的自我對話。我們常常吸收性別或種族是如何影響我們成就的文化信息，即使在無意識的情況下，但藉由訓練成長心態可以改善那些問題信念產生的自我破壞。[6]

《如何成為反種族歧視者》（*How to Be an Antiracist*）一書的作者伊布拉．肯迪（Ibram Kendi）描述了他周遭的文化是如何助長定型心態的形成：

> 我一直以為我是那種低標準學生，而且一直被來自各方——黑人、白人和媒體——的信息轟炸，告訴我原因深植於我的種族……使我作為一名學生更加氣餒，降低學習的動力，這只會進一步加強黑人我的種族歧視觀念，就是黑人不太好學……讓我更加絕望或漠不關心。[7]

定型心態可能會暗地裡影響你的思考和行為，或以破壞的自我批判形式出現。杜維克要人們述說「定型心態人格」進入他們內心會是什麼樣子。有人說：「當我壓力大的時候，就會出現定型心態人格。他會讓我的大腦充斥雜音，使我沒辦法專心做我必須完成的工作……他會說一些像『你沒有能力掌握困難的概念，你已經達到極限了』的話。」其他受訪者解釋他們的定型心態人格「不允許我冒險影響作為成功人士的聲譽，她不讓我說出害怕出錯的事實，強迫我看起來像是可以輕鬆理解並毫不費力地做好每件事的人」。[8]

所以，你該怎麼真正的改變你的心態呢？一點點的自我對話變化加上大量的行為改變。

當你考慮轉變心態的時候，你可能會停下來以傷感的方式承認改變心態有多麼困難。放棄對自己身分和自尊的固定觀念會產生實際的失落感。杜維克寫道：「用一種告訴你要接納所有讓你感到威脅的事物：挑戰、掙扎、批評、挫折的心態來取代尤其困難。」[9]

決定自己要有「成長心態」很好，但這個決定本身並不足以實現目標——你得推自己一把，採取具體的行為，並強化這些行動。大部分有「成長心態」的人周圍都有其他人稱讚他們努力並鼓勵他們堅持不懈與創造力——不斷地給予他們肯定，如此「成長心態」的腦迴路就會根深蒂固。對於那些沒那麼幸運的人來說，我們可以學習給予自己這種正面的鼓勵。

格拉斯哥大學電腦科學系的教授昆廷・卡茨（Quintin Cutts）以及他的同事指出學生經常會退出編成入門課程。[10]所以卡茨和他的研究小組實行一個三方的干預措施：（一）教師向學生描述成長心態；（二）學生從學習中得到成長心態的成果回饋；（三）當他們遇到困難時，鼓勵學生使用工作表，為他們指出不同的途徑以解決問題。實驗團隊發現學生們的心態和測驗分數因為這個多方面干預而得到改善，此一結果反映了將行動（學生不斷嘗試新策略，哪怕遇到困難）鼓勵成長心態結合的力量。

練習成長心態的時候，選擇可管裡的具體任務似乎能帶來幫助，包含涉及失敗和重新嘗試的要素。被告知基於行動的工具來處理手邊的任務（包括將工作拆成好幾部分、建立良好的工作習慣和調節情緒）的學生會獲得更好的成績。[11]在一組有趣的研究中，斯蒂法諾・帕明泰瑞（Stefano Palminteri）及其同事觀察到從錯誤中學習的機會促進了大腦某個區域（腹側紋狀體）的活動，與我們試圖避免出錯時大腦活躍的部分（前島葉）不同[12]。這代表解決失敗，而不是避免，可能會改變大腦的一些預設習慣。

為了更加適應失敗，選擇具體的新任務會有所幫助，這樣你就會有實際的生活體驗，而非模糊的動機。選擇運動沒問題，但如果你之前有運動的習慣，那就選擇你從沒嘗試過的新運動類別（例如：瑜珈、攀岩、划船、氣功）。如果你喜歡烹飪，而且想要更精進自己的廚藝，就選擇你沒試過的烹飪類別（泰式料理、舒芙蕾、使用燉鍋或快煮鍋的料理），涉及你過去沒煮過的料理風格。學習樂器或藝術也是如此。

只要選擇一個活動，每星期至少兩次，每天至少花幾分鐘稱讚自己的努力而非成果（即使那天你不想從事該活動）。試著不斷嘗試、堅持並稱讚自己的努力，然後不斷地付出努力，重複好幾個星期，即使期間出錯或失敗也沒關係，為的是發展並加強成長心態。如果你願意的話，你可以加入一些打氣的話，像是：「這很難，但我要試試看」、「嘗試遠比成功重要」、或「嘗試新事物對我來說很勇敢又很棒，就算感到不自在」。或者，你當然可以加入第一章介紹的「吸氣，我的朋友；呼氣，我的朋友」練習。重點是要注意你必須有「歷程讚美」（稱讚整件事的過程和努力）而不是「個人讚美」（稱讚你的技能、成就或品質）。[13]

通常這需要時間。杜維克確實講述了幾個人的故事，在學習了成長心態後，表示他們的生活立刻產生巨大差異。（如果你也是這種情況，那就太棒了！）但一些研究顯示心態轉換涉及更長時間針對成長心態的實際培訓——通常需要訓練持續六週或以上的時間，抑或是涉及持續的會議或人際支持。[14]

教導大腦如何運作的成長心態干預措施，也就是透過嘗試和學習新事物在大腦建立新的物理途徑，對於培養成長心態似乎特別有用。研究表明，成年人的大腦對學習一項新運動或新樂器是很棒的選擇：練習新的思維方式、移動手腳或身體，以及新的手眼協調方式，都對我們的大腦十分有益。

成長心態會啟動自我強化的螺旋。換句話說，你可以先從採取行動嘗試新事物開始，並在遇到困難時堅持下去。這反而會讓你變得更有信心和能力去嘗試新的事物，有助於發展一種「成長心態」，認為自己有能力學習、成長和堅持。然後，這會助長你的成功和幸福，從而加強後續的努力和參與，並願意嘗試新事物……一直循環下去。

希望你現在已經明白培養成長心態的核心要素是以成長為導向的行動。想改變思維方式，就要決定你希望生活中採取拿些以成長為導向的行動，然後付諸實行。杜維克的《心態致勝：全新成功心理學》一書中，有一節的標題是「感覺很糟糕，但做得很棒」，她表示「發誓沒有用」並建議讀者「制定一個具體、以成長為導向的計畫，並堅持到底」。[15]

過度認同失敗

如果我們把失敗當作人類正常的部分，是學習和成長的要素，以及一個中性的活動，那麼接受失敗就容易得多。而如果我們把失敗解釋為我們不好的地方就會很難接受失敗。相信「我之所以感到焦慮，因為我就是個焦慮的人」沒有留下太多改變的餘地。反之，相信「焦慮是我時常經歷的感覺」就會留下各個探索和試驗的空間。

莉是一位行政主管，她發現自己無法適應雇用她的那家大型製藥公司的企業文化。她回憶道：「那段時間對我來說很難熬，在這個職位上，我感到有點格格不入，心想：『我是怎麼了？』如果我沒有經歷過那種掙扎，感覺那種不和諧，就不會認知到『噢，我得找一個公司職位能讓我適應文化，企業的價值觀與我一致，這樣我就能每天去上班，然後用鬥志旺盛的態度說：我們正往同一個方向前進』。這幫助我稍微調適了心靈、內心和精神層面的雷達。」[16]

正念導師佩瑪・丘卓（Pema Chödrön）分享她自身的故事：

> 我人生最糟糕的時期是當我覺得自己是最大的失敗者時，當時我正經歷第二段失敗的婚姻。我從未經歷過這種毫無根據的脆弱與痛苦，彷彿一切突然崩塌。我真的對自己感到很難過。

有時候你會因為心碎和失望體驗到失敗的期許，有時則感到憤怒。但在那個時候，與其一如往常地把自己貼上「失敗者」或「喪家犬」的標籤，或是覺得自己哪裡有問題，不如以好奇的心態探索當下的狀況，對外部環境是怎麼影響你感到好奇，注意自己腦海的聲音和內心的辯論——這是才是關鍵。[17]

作家布蘭溫·塔特（Bronwen Tate）則描述了另一個破除過度認同的自我對話方法：謙卑。

我清楚地認識到是我對謙卑的需要讓我對自己好。我認為改變我自我對話的關鍵問題是「我憑什麼可以永遠不——？」所以當我忘記了什麼、或感到畏縮及對自己失望時，我會停下來對自己說：「好吧，作為人類，我憑什麼永遠不會忘記東西？」或「我憑什麼永遠不會犯錯？」這個謙卑的提醒讓我放下，不是糾結於犯下的錯誤。[18]

大方分享失敗與恆心

在我的職業生涯中，我投籃有九千次失誤。我輸了差不多三百場比賽，有二十六次，大家信任我能投出勝利的一球而沒中。在我的人生中，我一而再再而三的失敗，那正是我成功的原因。

——麥可．喬登

麥可．喬登不用像上面引述的那樣說出自己失敗的數據。他本可粉飾太平，然而正是詳細的描述形成這些強而有力的文字，描繪他對失敗的深深接受，了解失敗是必須的，並願意繼續在總是包含失敗的環境中前行。分享接受失敗的智慧對他來說是一種善舉，他對失敗的態度可以成為任何聽到這段話的人的希望和靈感之源。他顯示出我們可能以建設性的方式分享失敗，而非自嘲。

普林斯頓大學心理學系教授約翰尼斯．豪斯霍弗爾（Johannes Haushofer）解釋他創造並分享個人的「失敗履歷」，意圖啟發人們關於失敗的普遍和必要性。[19]這個方法不只是為了幫助他人，還可以帶來更親密和信任的關係。的確，哈佛商學院教授艾莉森・伍德・布魯克斯（Alison Wood Brooks）及其同事發現講述現在與過去的失敗經驗會導致同事間的關係更親近。[20]談論失敗可以促進社群的想法反映在作家及企業家蕾蒂西亞・加斯卡（Leticia Gasca）的倡議上，她同時是搞砸之夜組織的聯合創辦人，這是為企業家舉辦的跨國企劃，讓他們分享自身的失敗經驗，並從他人的失敗經驗中學習。

原本身為王子最終成佛的釋迦牟尼（真理的覺證者），試過很多開悟的方法但都徒勞無功。他避免進食或入睡，試圖用「以心將心壓制、制伏、逼迫」強而有力的方式與自己的心靈進行連結。當他試過每一個尋求「崇高和平」的方法後，他對失敗保持開放的心態；也就是對這個問題：「那能成為開悟的途徑嗎？」說「不」。[21]即使他的確有過懷疑或質疑自我對話的時候，他的行動顯示他能義無反顧地向前走。最後，釋迦牟尼想起他兒時曾經有的心理狀態，當他坐在閻浮樹下沉思時，那是一種愉快和平衡的存在狀態，具有平和的心態。對那個狀態的記憶讓他踏上一條新的道路，並且對「這能成為開悟的途徑嗎？」這個問題有了肯定的答案。

每年，華盛頓大學的堅韌研究所都會舉辦「轉敗為勝」的活動，讓學院和社團的領導者分享個人關於「挫折、失敗和倒栽蔥」的經驗。儘管只有站位，這仍是一個非常受到歡迎的活動，似乎引起所有與會者深刻的共鳴。

有一年，華盛頓大學的校長安娜．瑪麗．考斯（Ana Mari Cauce）也參與了演講。考斯解釋在她三歲那年全家從古巴逃到美國後，從各種方面都感到身為「外人」，包括人們認為她是「拿獎學金度日的窮學生」，或在他童年的家裡沒有一本書。她描述揮之不去的自我懷疑，即使在她其他的成就中：

> 我就讀家鄉的邁阿密大學，因為一個合格的古巴女孩不會離開家。當我進入耶魯大學念研究所時，第一次置身於全是白人的環境中，我意識到我坐得離別人太近，而且我們班上唯一一個不是畢業於常春藤名校的人。我感到很孤單，也很害怕。畢業後我沒有爭取到我心儀的工作，我不僅沒有得到該職位，當時華盛頓大學的校長還說我天生就不適合當領導者。關於當一個領導者的意義、是什麼樣

子等種種懷疑，至今仍跟著我。[22]

我幾乎可以看見考斯的話為眾多學生帶來的影響。他們彷彿在想：「如果一個大學校長都懷疑自己的能力，卻還是達到她的目標，那麼或許我感到不知所措、偶爾懷疑自己也沒關係。或許那些感覺不真的代表我不會成功。」

因為大部分人都會掩蓋自己的失敗，失敗的時候很容易感到孤單且難為情。聽到考斯如何描述自己的掙扎和失敗時，我相信那些參加演說的孩子們會感到自己不是孤單的，同時她也提供他們一個難能可貴的策略：持續前進。採取反映自身價值觀的行動，而不是等到自我懷疑或自我批判先消失。先行動後思考。

或許「持續前進」的解決方式對我們嘗試在人生中獲得成功時所遭遇的難題和場面聽起來太過簡單。但內心深處我想我們都知道：在我們追求成功的過程中，堅持就跟其他事情一樣而且通常更重要。問題往往不是我們繼續前進的能力，而是我們在通過自我批判時設置的障礙。

發展健康的關於轉敗為勝的自我對話可能涉及弄清楚你正面臨的失敗種類，

並調查你當前的自我對話和其他關於它的看法可能會怎麼影響你。但跟其他自我對話的練習不同，轉敗為勝的主要延伸在於外部行動。真正參與你的新活動，使其發生，然後反覆執行。不斷地練習。不管你要處理的是怎樣的失敗，總有從中學習、並讓你轉敗為勝的方法。

思考題

1. 你對採取新行動的想法——符合你的目標和價值觀，並包含失敗和重新嘗試的機會——有什麼反應？
2. 你的自我對話是否包含對失敗的恐懼，或習慣將失敗視為自己有問題的傾向？
3. 你有什麼感興趣的活動，卻因為感覺「不擅長」而不敢去追尋？
4. 當你探索一項新活動或技能時，你能允許自己犯很多錯嗎？
5. 你對稱讚自己的努力和毅力，而非結果和成就，有什麼感覺？當下稱讚自己的努力而非成果和過了一週左右，你分別有什麼感覺？
6. 有什麼活動或新習慣（像是每天使用牙線或打給至少一個朋友）是你想採取行動，但似乎感覺太困難？你能說出你預期改變行為會得到的好處嗎？你需要哪些具體步驟才能使該行為發生（例如，提醒鬧鐘）？你能付諸行動，持續堅持，並用充滿善意的自我對話來讚賞你的努力而非成就，以達到鼓勵自己的作用嗎？

5 透過慈心禪培養友善

二月中旬，當我在明尼蘇達州的明尼亞波利斯等著飛往威斯康辛州麥迪遜的班機時，空橋裡都冷到結凍了——或嚴格說來是快結凍。排隊的人龍一動也不動，大家看起來都很緊張和煩躁。我心想（或許其他乘客也是這麼想的）：「我要冷死了！我現在就要上飛機！煩死了！什麼時候才可以前進？」

然後我想起來這時候我可以練習一個特殊的技巧，叫做慈心禪，也就是在心中反覆默念美好的祝福，以培養友好和善意的感覺，以防我們內心受到恐懼和反芻思考的影響。由於我先前已經練習過好幾次，當我下定決心後很快便進入狀況。我專心注意空橋上的每個人，一次觀察一個人，同時小心不要一直盯著對方看。我讓每個人的臉停留在我腦海一會兒，在心中反覆默念：「願你平安自在，願你幸福快樂，願你健康無虞，願你生活祥和。」我祝福每個人擁有一段美好的旅程，以及今後的日子和生活都能一帆風順。

不到五分鐘，我的心境便起了變化。我不再煩躁，實際上還備感喜悅。我不再把注意力放在寒冷的天氣或想趕快登機上。我的心情輕鬆平靜，周圍的人不再像東西或障礙物，霸佔空間，減緩前進的速度。這些陌生人對我來說變得更複雜且真實，讓我不知不覺放鬆下來。或許是當我盡可能讓周遭乘客的生活在腦中展開時，不自在和不耐煩的感覺就沒有那麼強烈了。我不是在跟他們對抗，為了讓自己變得舒服。心情感覺更平靜和輕鬆，似乎也沒那麼冷了。

這麼做是如何幫助我們減少自我批判？練習慈心禪的目的在於對自己、他人和所有生命產生深切的友善態度。友善的態度和嚴厲的自我批判無法共存，所以會導致用一種習慣（美好的祝福）取代另一種習慣（自我批判）。慈心禪跟其他冥想一樣也能訓練注意力。當你刻意重複一段話好幾遍時，就很難胡思亂想、陷入沉思，並在心裡詳細地數落自己「爛透了」。以自己為對象修習慈心禪有助於改變自我批判的習慣，用接受和友善的態度，以其他人為對象則可以減少自我批判帶來的疏離感。

修習慈心禪能遠離自我批判。它反映了共同的人性，認識到所有人都有一些共同目標。當你藉由慈心禪送給他人美好的祝福時，同時也改善你與大眾的關係。自我批判往往涉及比較自己和他人的成就或特質，或是怕別人對你有不好的評價。祝福別人會改變那種敵對、競爭或恐懼的態度，變成我們所有人都休戚相關，努力擁有快樂、健康的生活。

自我批判會延續一連串恐懼、記憶和感覺，修習慈心禪有助於調節情緒。當我發現自己正在擔心兒子能否適應托兒所時，我便以他為對象，反覆默念慈心禪，我頓時感到冷靜下來。當我經過一棟老人獨居的房子前時，透過窗戶看見一個老奶奶獨自坐在餐桌前吃飯。我在心中默念我的祝福，希望她感覺身體健康、快樂和被愛。我在心中許下這些願望，而不是為了未知而煩惱：「他沒事吧？她還好嗎？」練習慈心禪在那時候為我帶來一種決斷感。即使不了解事情全貌，我也跟自己美好的祝福有連結，就像有個可以投靠的精神庇護所。事實上，藉由慈心禪調節情緒可以追溯至很久以前，起源包括佛陀教導僧侶們利用慈心禪消除對林中生物的恐懼，慈心禪也常被當作一種保護的形式——增加愛以消弭恐懼。[1]

相較其他冥想方法，初學者往往覺得慈心禪又怪又老套，或是愚蠢透頂。我是說真的：要我重複說一些也許我現在根本不那麼想的話，然後在不知不覺間產生重大變化？光用說的是不會使事情發生的。我想起《歡樂單身派對》（*Seinfeld*）裡的角色法蘭克．柯斯坦薩，由已故演員傑瑞．史提勒（Jerry Stiller）巧妙地詮釋，充滿壓力與憤怒地大吼：「平心靜氣！」

但我的學生和很多人都表示慈心禪有效，就算一開始他們不相信這有用，覺得這麼做很蠢或讓人不舒服，仍然在幾個星期的練習後發現到慈心禪的好處。對西方人來說，很難想像友善是可以培養的特質。你要麼是個友善的人，要麼不是，對吧？如果你是這麼想的，那麼重複當下其實不那麼想的話似乎就很奇怪。然而，現有的研究證據表明慈心禪可以改善心理健康、自我批判和對他人的感覺。以下是我一個學生起初對慈心禪抱持懷疑以及練習後的經驗談：

> 一開始，我對這個方法相當懷疑，不確定重複一句話要怎麼改變我對自己或他人的感覺。不過，當我開始練習後，誠摯地以正面和友善的感覺面對自己和他

人，我注意到一股非常平靜的感覺籠罩著我。那是一種滿足感，在我經歷一段特別美好、充實的經驗後常常會有的感覺。在我練習慈心禪的早晨，通常在我上課或上班前，我感覺一整天都變得更正面了。

本章接下來將探討一些與慈心禪相關的常見問題，提供慈心禪的一些背景故事，以及證實其有效的研究，並分享各式各樣慈心禪是如何為我的學生和其他人帶來效用的故事。

慈心的意義

慈心是個獨特的詞彙，表示嘗試傳達某種特定形式的愛。譯自佛教術語 metta（巴利語寫作 mettā），表達這種愛和培養愛的方法。metta 這個字被認為源自同義字 mitra，代表友誼、善意、仁慈、愛意、親切、無暴力和積極關心他人。

如果慈心這個詞對你來說好像很難記或語焉不詳，你完全可以將整個概念想成友好或善意，或是你喜歡的其他說法也可以。「友好」和「善意」只是符合箇中想法的翻譯。冥想大師德寶法師（Bhante Gunaratana）用的是「友愛」這個說法。[2]即使「慈心」和「慈心禪」已經成為英語使用者提及該想法和修習的普遍用法，一些冥想導師還是喜歡用「善意」一詞，或許是因為這個詞表達了平淡的祝福，而不期待發生正面的結果。

「善意」或「慈心」不代表你覺得每件事都會很順利，或打算跟每個人培養親密的關係。正念導師雪倫·薩爾茲堡澄清道：「給予慈悲不代表我們贊成或寬恕所有行為，這代表我們可以清晰地看見不正確或笨拙的行為，但仍然沒有失去連結。」[3]坦尼沙羅比丘禪師（Thanissaro Bhikkhu）解釋「善意」一詞反映祝福好運的概念，同時意識到其他人需要靠自己去尋求幸福，並培養有技巧的行為。[4]他表示善意的概念可以允許你接納那些不適合跟你近距離接觸的人和動物。可能包括你傷害過的人、傷害過你的人，或者不願意接近人類的動物。

慈心禪的由來

耗費心力反覆默念可以培養友善性這個概念的起源相當古老，比佛教和基督教的興起都還早。關於善意、友愛或慈心的重要性在古印度的奧義書（產生於公元前八百年至五百年的一系列印度的精神教義），以及契經和耆那教（約公元前六百至三百年）中被提及。與釋迦牟尼佛（生於約公元前六百二十四年至四百四十八年間）有關的經典中也出現了關於慈心禪的敘述，並將之描述為友愛或慈悲心的培養。

根據經典紀載，佛陀曾在兩次佈道時闡述如何培養並維持慈悲心。其論述包括以下節錄，說明慈愛是一種能夠也應該發展的能力：

如是修習之賢善，以此親證寂清涼。

……

應常散發慈愛心，惟願眾生得福安，

普願一切諸眾生，心常喜悅住安樂。

……

慈愛遍及全世界，上下地平四維處，

遍滿十方無障礙，無有仇恨或敵意。

……

心中不落於邪見，具足戒德與慧觀，

去除欲樂之貪戀，必定不再生於胎。[5]

我們尚不清楚佛陀或在他之前的印度導師希望我們如何修習慈悲心，我指的是，這些導師所教授培養慈悲正確的話或技巧是什麼。一些出家者和其他人每天會確實誦讀一遍或以上的「慈經」（大約四十二行）。很多西方的正念導師鼓勵人們誦念較朗朗上口的四願：「願我平安自在，願我幸福快樂，願我健康無虞，願我生活祥和。」我們經常鼓勵人們重複誦唸這些話數分鐘，同時想像胸口出現亮光或暖流，在腦海中想像賦予善意的對象的影像。

默念的用意是要讓你**有意識地試圖停留在慈悲的領域**：透過努力和默念來「維持希望眾生幸福的回憶」。另一個時常用在這個練習上的佛教用語是「無量心」，代表希望眾生安好可以成為你心中的避風港。一個可以讓你置身的地方，去思考、陶冶，而不是偶然的想法。

練習慈心禪不需要是佛教徒，你也不必為了從中獲益而用宗教的方式去練習這些話。在佛經中，慈愛的特徵在於常會與其他內在能力一起培養（包含提高專注力、發展道德和美德以及分享他人的喜悅）。這些能力被認為是相輔相成的。然而，慈心禪絕對可以單獨用來減少自我批判，並促進心理健康，就像一天走一小時的路有益於身體健康，即使沒有同時進行舉重或非常健康的飲食也一樣。

核心練習

首先找個舒服的地方重複默念對自己（和／或其他人及所有生物）的祝福。如果你願意，你可以每默念一句搭配一次呼吸（吸氣、吐氣）。下述祝福語很常見，雖然有很多變化。

祝福語

願我平安自在
願我幸福快樂
願我健康無虞
願我生活祥和

你可以考慮一系列替代祝福語，例如：

願我冷靜
願我和平
願我快樂

願我感到與他人及世界的連結
願我的行為巧妙且友善
願我健康且強壯

練習順序

你的選擇不是直接對自己祝福，就是以下述列舉傳統的方式進行，或是先從對你有恩的人開始，然後當你與慈悲對待他人的感覺連結後，再對自己進行祝福。

你可以將你的慈心禪專注在某一種類別上（例如，只用在自己或恩人身上），然後繼續以那種方式練習好幾天、好幾週或好幾個月，再移到下一個類別。或者，你可以在單一練習中經歷所有類別，每個類別至少花幾分鐘。下述是傳統練習慈心禪的方式：

朝向自己（例如：「願我快樂。」）
朝向「恩人」或曾幫助你的人（例如：「願他／她／他們平安。」）
朝向某個「中性」、你不認識或沒有強烈感受的人
朝向某個「難搞」，但記得不要從你生命中最「難搞」的人開始
朝向所有生物，無一丟棄（例如：「願所有生靈平安。」）

開始慈心禪的提示

先前的說明應該足以讓你試試看慈心禪，但就跟任何冥想一樣，有很多小訣竅讓你進一步探索。下述是更多讓你開始這個練習的訣竅。

採取溫和實驗的態度

即使一開始覺得很奇怪，你仍然可以嘗試慈心禪並很有可能從中獲益。事實

上，你可能會停下來想一想，允許自己去嘗試嶄新且不同的事物，跳脫自己舒適和熟悉的事物。你可以發展出願意嘗試的精神，透過輕微的改變開始至少十分鐘的練習，而且對你來說似乎很適合，如果你抱持著懷疑的態度也沒關係。

期待一些挑戰

如果你習慣批評自己，反向的訓練大概沒那麼容易。一開始可能會很難。我鼓勵你不要因為似乎很難或沒看到立即的變化就放棄。你幾乎肯定會遇到讓你分心的想法、回憶、疑慮、焦躁、下一餐要吃什麼。記得慈心禪是一種專注練習，對處理自我批判和其他多餘的想法而言，培養處理分心的技巧而不沈溺其中特別有效。概念在於溫柔地注意任何思維、回憶或反應，不帶有自我批判，也沒有過度認同和沉溺其中。一而再再而三的拉回注意力，堅持下去。

選擇自己的祝福語

練習慈心禪可使用很多不同的祝福語。你可以試試看本章節提及的例子，或調查由其他正念導師提供的祝福語。有些可能不適合你，有些則會產生更強烈的共鳴，或許你會找到幾個正好適合自己的。創造自己的祝福語也完全沒問題。你可能問問自己這個時候需要什麼（例如，健康、自信或與人的連結），讓你的需求幫助你決定用哪些祝福語。友好的願望要能促進持久的幸福感和舒適感，而非對某件事的短暫希望，因為其目的在於培養穩定的友誼。[6]

可以的話，一週練習數次或是每天一次

慈心禪的力量在於每次及數天和數週的練習中重複祝福語。正念導師雪倫・薩爾茲堡描述她在一週的集中冥想時開始這個練習，用特定的慈心禪祝福語希望自己過得順利，但「什麼感覺也沒有」。在那週結束的時候，她打破了一個玻璃罐，當下第一個念頭是「妳怎麼這麼笨，但我愛妳」。然後她就又想：「哇，妳看！練習整個星期果然有用。」薩爾茲堡說：「那些時間、所有枯燥且機械式重複，讓我什麼感覺也沒有的話是真的有用。」[7]

決定慈心禪接收對象的順序

一般會從自己開始（例如，「願我平安自在、願我幸福快樂、願我健康無虞、願我生活祥和」）然後，練習一陣子後（或許幾個星期），把對象移到一個「恩人」身上，曾經幫助你的人，讓你容易產生善意和感激的人。在那個人身上練習慈心禪幾個星期後，你就可以嘗試一個中立者。中立者代表無論如何都不會讓你產生強烈感受的人。也許是一個咖啡店店員或你根本不認識的鄰居。我在上課期間，邀請學生花點時間祝福他們的鄰桌在即將到來的期末好運。一名學生觀察道：「送給我根本不認識的同學祝福讓我感覺很好。」

當你覺得自己已經對這個人產生很好的友愛後，你接下來可以把慈心禪的焦點放在一個「難搞」的人身上。當你開始練習慈心禪時，聰明的做法是不要從你生命中最難搞的人開始。你的生活中可能有很多人讓你感到輕微不安或焦躁，你可以從他們開始。最後，你可以對這個世界上任何地方的生物練習慈心禪。許多修行者會用不同類型的眾生進行闡述（例如，已知與未知，無形與有形，親近或疏離）。

如果你很難在自己身上練習慈心禪，覺得祝福自己感覺太怪或自私，你也不一定要練習這種方式。我的一個學生表示：「我感覺沒那麼真實，更像是為了說這些話而做。有趣的是對象是別人我雖然相信所有的祝福會成真，但到了我自己身上卻變得很棘手。」

如果你想的話，可以從「恩人」或你覺得較容易給予祝福的人開始。然後保持這種感覺，但讓你在自己身上練習慈心禪的時候，把這種感覺轉向你自己。隨著時間推移，慈心禪練習甚至可以柔化自我和他人的區別。它創造了一個容納所有生靈的友好範圍，包容他們所有缺點，包括你、我、世界各地的每一份子。

每次練習慈心禪的過程中，你不是會想起一個特定的人，就是完成所有的類別，每一類別至少花五分鐘。然而，在開始每一次練習前先選擇目標很有用；換句話說，選擇一個似乎適合你的祝福對象或順序。人們享受用很隨不同的方式練習慈心禪。我有個朋友，也是位心理學家，是很可愛且溫暖的人，決定專注於在自己身上練習慈心禪超過一年的時間，如此一來，她大部分練習過程都是對她自己的祝福。這是一個很好且正常的練習方式。一些導師會建議你只有在對前一個類別的人建立深刻的友好感後，再進入下一個類別。

結合溫和的視覺和身體意識

當你反覆在他人身上練習慈心禪時，會幫助你在腦海描繪他們的影像。然而，如果影像化沒有幫助或沒那麼容易出現，你也不需要努力或強迫自己去想像。慈心禪練習可能同時伴隨著柔和或溫暖的身體感受。祝福他人安好的體驗有時候稱作「照射他人」練習，你的內心或胸口可能會產生感覺。根據佛教學者無著比丘（monk Analayo），慈愛的身體感覺可以表現為胸口出現的柔暖感。許多導師描述慈愛向外散發的感覺。無著比丘強調散發慈愛是很柔和的感覺，而不是勉強推向預定的接收者。[8]

帶著溫柔的耐心練習

雪倫．薩爾茲堡建議：「讓你的心靈沉浸在祝福中，你會意識到這些祝福，不只在呼吸間，還是僅僅透過話語本身——把注意力的焦點放在祝福上。讓你的心靈徜徉其間。」[9]她還建議你的步調應該溫和而輕鬆，不要匆促、或以嚴厲地口吻說出祝福。

獨自嘗試慈心禪、跟隨導師、一群人或散步時練習

如果你願意，你絕對可以跟著引導式慈心禪進行練習，聆聽導師的聲音帶領你跟著步驟前進。網路、應用程式和真人或虛擬冥想中心有很多各種長度的引導式慈心禪的影片。而且世界各地都有冥想聚會，以真人和虛擬的形式，人們會一起練習慈心禪。你可以在業務會議期間、搭公車、小組或家庭聚餐或上課途中「暗地」練習慈心禪，輪流將慈心禪的祝福分送給每個人。

一個可愛的練習方式是行走慈心禪。當你走路的時候，開始對自己重複默念祝福。然後，當你走路時碰到別的生靈（從你前面穿越馬路的人、飛到水泥地上的小鳥），你給予那生物一「輪」祝福，再回到你身上，然後到你碰到了其他人。一位學生描述在日常散步加入慈心禪的情況：

做了慈心禪後，我開始變得更留意我腦內的對話。比方說，我在散步期間看到花發芽，鄰里間種植的櫻花都綻放開來。當我賞花時，我告訴自己：「願我生機勃勃的含苞待放。」我喜歡徒步穿過丹尼伍花園去到國際區社區，而當我經過阿姨、叔叔、爺爺、奶奶後，我都會對他們給予同樣的祝福：「願你今天生機勃勃的含苞待放。」

科學證實慈心禪有效

研究顯示慈心禪一系列的好處，包括增加與他人感受的連結，減少種族歧視，對大環境更加關心。自我批判與全面的心理健康有所關聯，而慈心禪似乎能改善大量心理健康的問題。慈心禪練習跟改善抑鬱、焦慮、壓力、生氣和壓力後創傷症候群有關。[10]慈心禪似乎有助於人們處理身體健康的狀況，包括背痛[11]和與乳癌有關的疼痛。[12]

以自我批判而言，研究者對於執行三到七週慈心禪練習的受試者進行大量調查，結果發現他們的自我批判傾向明顯減少許多。[13]事實上，研究在受試者結束慈心禪研討會後追蹤他們三個月，發現他們仍持續改善自我批判和心理健康。[14]

其他研究更深入調查慈心禪能夠改善慈心禪的原因和方法。慈心禪似乎導致大腦和身體一連串正面的反應。[15]例如，慈心禪可能會藉由降低他們的心跳率並增加副交感神經系統的活動，[16]也就是先前在第三章討論過的預設模式網路有關的另一個作用機制。因為練習慈心禪能降低預設模式網路[17]如自我批判相關的習慣、反覆的思考模式等活動，可能會透過參與更健康的心理過程來促進幸福感。

二〇一八年，喬治亞州立大學的學者蘇珊・班尼特・約翰遜（Suzanne B. Johnson）和她的同事想知道，六次的介入干預治療結合正念、慈心禪和同情練習，是怎麼讓最近曾嘗試自殺的五十九名低收入非裔美國人減少抑鬱傾向。他們隨機分配讓這些受試者參加同情冥想小組（包括慈心禪），或是參加為期六次的介入治療支持小組。研究員分析數據並進一步觀察到，改變自我批判能解釋減少抑鬱的變化。也就是說，通常受試者會先變得較少自我批判，然後逐漸減少抑鬱傾向。[18]

慈心禪可以通過在幾個禮拜內建立一連串資源來發揮作用。受試者在參與為期七週的慈心禪小組後，表示他們增加了正面的情緒，達成高程度的自我接納、社會支持、正面的人際關係和正念認知。當那些資源變得更強烈後，人們會減少抑鬱的症狀並增加生活滿足感。當研究員在原本的試驗期間結束的十五個月後再次進行檢測時，發現那些因慈心禪練習導致的「資源增加」仍然沒有消失。[19]

慈心禪似乎會對他人產生正向的情緒。[20]薩塞克斯大學的研究員亞歷山大・斯泰爾（Alexander Stell）和湯姆・法賽茨（Tom Farsides）指出最正向的情緒跟注意自己有關，但慈心禪向外投射正面情緒，轉向其他人。[21]對於掙扎於自我批判的人而言，能夠把批判自己的注意力轉向善待他人。慈心禪練習似乎能降低對自己的注意力。[22]

慈心禪還可以轉移生氣的情緒。參與練習慈心禪的人描述練習後他們減輕了憤怒。他們解釋道他們能將對激怒他們的人當作有很多面向，也會受到一連串複雜且困難的情況、行為和情感影響。[23]一名老師反映道：「我的腦子經常會想別人是怎麼誤解我的，不斷播放當時的情景，就更生氣，然後藉由認識慈心禪——這就像是一個慰藉或深受其影響。很快就撲滅我心中的怒火。」[24]

慈心禪似乎有助於人們感覺與他們更有連結並感到更正面的感覺。即使只進行一場慈心禪練習也顯示增加社交連結的感覺，無論是在有意識或無意識的層面上。[25]多項研究顯示練習慈心禪會減少種族偏見，[26]其他研究表示慈心禪介入干預會減少對被污名化的人的隱形偏見，而對他們增加正面的態度，包括黑人、吸毒者和流浪漢。[27]經過為期六到八週的慈心禪練習後，研究顯示人們會增加同情他人的程度且改善溝通技巧。[28]

我的學生回饋慈心禪是如何影響他們對他人的態度和行為，與很多研究發現不謀而合。一名學生表示：「我感覺自己對其他陌生人有更多正面的感受，像是在加油站工作的那個人。通常我會走進去買完東西就離開，但現在我會問他過得好嗎，多認識他一點，每次結束談話時都會祝他有美好的一天。」另一個學生注意到自己對一個大家都覺得難相處的室友態度變好了。疫情期間，另一個學生在長期與人群隔離和抑鬱後開始練習慈心禪。經過一段時間的練習後，那位學生表示：「我逐漸打開我封閉的心，開始跟我的同學和鄰居交流。這個過程漸漸讓我感覺身心都變得更健康。」

慈心禪和相似的練習實際能導致對他人和世界多大程度的所需的行動仍有待商榷。這時候，一些學者複習了找得到的文獻，得出結論慈心禪和其他冥想練習在對他人有益的行為上大致上有正面但有限的貢獻[29]，而剩下的文獻則更確定慈心禪練習和同情的行為間的連結。[30]一些觀察到的慈心禪練習和實際好處間的連結，包括研究表明慈心禪可以增強友善環境態度和環境決策[31]，以及慈心禪可以提高溝通技巧的研究。[32]如果你開始練習慈心禪，你可能會注意到它不僅能改變自我批判，還能影響你和他人及世界的關係。

慈心禪的障礙

除了人們在剛開始練習慈心禪時普遍的心存懷疑，有些人會覺得希望自己過得好是自私的表現，或不值得獲得祝福。如果那些感受增加，你可以溫和地給予注意力，仍然嘗試練習。記得那些感受反映了心理制約。那並非事實。全世界的人都在練習慈心禪，而且你也包括在他們的祝福中。（「願所有生靈快樂。」）慈心禪並非評判——不是選擇某人值不值得美好祝福的篩選過程。這是祝福**每個人**的練習，就算是最「糟糕」的生靈也一樣，到此為止。這不代表每個人都是完美的，難搞的個性和有害的行為無關緊要，或者你必須接受或漠視真正存在的問題。你可以不管那些棘手的問題，包括在你自己身上看到的問題，仍然對自己和他人送出祝福。

祝自己一切順利可能會讓你感到不舒服。實際上可能會讓你覺得不爽、不對勁、噁心或甚至以身體疼痛為表現。當經歷很多個人困境（尤其是被虐待或忽視）的人對練習友善或同情出現負面的反應時，該反應有時候被稱為「情緒爆燃」。這個詞是一個隱喻，將一個人的精神狀態和氧氣耗盡的火災聯繫起來，一旦突然暴露在空氣中就會惡化。[33]「情緒爆燃」會導致人們拋棄慈心禪，因為這個練習可能會讓他們感到很不舒服，反而回到現狀維持自我批判的痛苦和與心理健康相關的困難。意識到情緒爆燃的出現，並知道你不是唯一出現這種感覺的人可能有幫助。通常在練習慈心禪時的不舒服都隱藏著悲痛：長久以來被剝奪深刻的友情和無聊間的愛。如果你可以耐心地對待「情緒爆燃」的不舒服、憤怒、悲傷、痛苦和悲痛，同樣友善地接納，就能減輕那些感受。

有些人遇到的障礙是感覺好像自己沒有能力或精力去祝福別人。也許你會懷疑自己是否真的能關心別人或全部生靈。如果你承受很大的痛苦，可能很難想像去關心別人，或甚至關心自己。也許你可以允許那些想法在你練習慈心禪的時候同時存在。「從佛法的角度來看，」雪倫．薩爾茲堡解釋道：「我們都有愛的能力。我們可能經歷過或正在經歷的痛苦、孤獨或不被愛都不會摧毀這種能力。信心是慈愛的基石。」[34]

你可能會對祝福自己順利感到不舒服。很多時候，關心自己和他人似乎像是一種零和遊戲：那些能量或資源不是滿足你的需求，就是滿足他們的需求。那些能量或資源不是滿足你的需求，就是滿足他們的需求。一個剛開始練習慈心禪的人想知道：「比起世界上其他人，我先祝福『自己』錯了嗎？」[35]然而，先從自己開始練習慈心禪的想法不代表選擇對自己友善不對他人友善。其目的是讓自己沉浸在現實生活、無時無刻的友善感覺中，既體驗到發自內心的感受，又能接受到對自己的美好感受。練習慈心禪可以帶領你給予自己和其他生靈更強烈的美好感受。正如我的一名學生反映道：「慈心禪鼓勵我給予自己與別人同等的關心和時間，並緩衝我的自我貶低傾向。」這段話傳達了慈心禪對注意力和關心的平衡作用：每個人都包括在內，有足夠的善意四處傳播，不需要將自己排除在外。

你可能會認為練習慈心禪時需要壓抑難受的感覺，像是嫉妒、憤怒或痛苦。其實你無須如此。慈心禪旨在培養的同情觀是包羅萬象的。阿姜．蘇美多（Ajahn Sumedho）大師斷定在慈心禪練習中「無所不包」。如果難受的感覺油然而生，試著注意到一些情緒而不要認同——即使這些情緒非常強烈，似乎對你有所意義，並且觸發一連串故事和回憶。慈心禪能在你出現難受的情緒時幫助你將善意導向這些情緒和你自己。阿姜．蘇美多建議道：「慈愛地對待我們的心情、我們的情緒習慣，能讓我們放任這些情緒，不要沉溺其中，也不要拒絕，而是去認識：『這是我的心情，這就是我的感受。』這種態度是一種耐心、不厭惡和善良的態度。」[36]接受難受的情緒不是要轉移注意力，而是慈心禪練習的一部分。

你可能會覺得這個練習很無聊，或可能會感覺沒什麼變化。跟其他種類的冥想一樣，這都是課程的一部分。一名學生注意道：「在任何改變成為事實前，幾乎感覺像是『裝模作樣直到成功為止』的狀況。」你很可能會分心。一個最近剛開始慈心禪的老師描述道：「很容易胡思亂想而分心。」[37]冷靜地處理分心的狀況並迅速拉回注意力需要大量的練習。你可以透過意識到自己分心、溫柔地拉回注意力，並且刻意重複無數次這樣的過程，來找到保持專注的技巧。

練習了幾個月後，我注意只有部分大腦重複慈心禪的祝福語，另一部分則開始做白日夢，東想西想。然後我開始意識到這種狀況很常發生。注意力很複雜，很多冥想練習是設計來發展對注意的控制力。我當然會對自己分心感到沮喪和自責，然而，慈心禪的指示是要溫和地把注意力放在祝福上，而不是化身為討厭的監工。不要對失去專注感到害怕或有壓力，你可以把抓住注意力想像成捧著一束花，或者是一顆水球。如果注意力跑掉了，就把它拉回來，但也不要太用力集中而使它潰散。

當你把目標移向「難搞」的人時，可能會出現煩躁、內疚、失望或精疲力盡的感覺。一位學生表示：「當我想到並掙扎於把正面的能量傳送給某些人時，我感到有點退縮。」人們偶爾會在為「難搞」的對象重複慈心禪祝福時，觀察到身體有緊張或畏縮的感覺。你可能會覺得沒辦法產生任何正面的感覺。這是對自己有耐心的好機會，並溫和地觀察自己的經驗。任何時候你都不需要有特別的感受。相反，我們的目標是努力為這些「難搞」的人或生靈重複這些祝福。

慈心禪與肯定

慈心禪跟練習肯定是否相同？這個問題的答案要看「肯定」的定義是什麼。慈心禪的祝福確實會肯定你內心深處對自己、他人和世界的某些期望。可能不會反映出你當下的感受，卻意圖反映你想要的感受或對你重要的東西。然而，一般來說，慈心禪練習跟做出肯定不一樣。換句話說，慈心禪的祝福並非敘述你這個人有多棒，提醒你的個人能力，或表達相信任何特定的事會發生，而是為了加深祝福自己和其他人的特定態度。看起來可能很簡單，但研究結果顯示反覆給予那些祝福，在自我對話和幸福感方面會產生強大的效果。

練習「肯定」通常代表默念為了反駁自我批判和負面思考的正面的話（例如：「我很成功」或「我是被愛的」）。雖然目前有很多「正面肯定」的建議，但很少有實際證據證明這些種類的肯定有效。當我調查「正面肯定」是否能帶來好處的證據時，我發現唯一的研究顯示正面肯定和幸福感之間的潛在連結對於人們可能會使用的話相當模糊。[38]心理文獻中關於「肯定」的研究用該詞彙描述一系列不同的概念，包括自我提升，轉向個人優勢以及澄清價值觀。

「自我提升」或將經驗和資訊以奉承自己的方式解釋似乎能夠減少自我批判，但同時跟較高程度的自戀、自我參與、有偏見的思維、低自尊和減少幸福感相關[39]。在他們的大學生涯中，「自我提升的人」顯示出比較低的自尊心和幸福感。想像你傾向你把大部分的事解釋成對自己有正面意義，然後你發現自己有堂課被當掉或被另一半提分手，「自我提升」在你陷入困境時起不了作用；其他認知類型（例如：成長心態）在此時反而更有幫助。慈心禪比自我提升更能有彈性地處理困境，因為慈心禪的祝福語不是要稱讚自己，而是培養任何形式的友善感。比方說，一個學生注意到練習慈心禪能讓他緩和失望：

我記得有一天當我參與一場大戰，卻表現得沒有期望中好的時候，我意識到這個練習對我有所幫助。我沒有感到壓力和憤怒，反而對一個隊友說：「沒關係，老兄，至少我有明天。」那時候我對自己感到驚訝，但某個東西允許我心平氣和地接受現實。

雖然自我提升有著明顯的缺點，但透過練習慈心禪或其他轉變為優勢和價值觀的方式可能會帶來好處。[40]事實上，有時候人們表示慈心禪幫助他們連結價值觀。有人說：「我一讀到這些文字，便感到自己終於尋回真實的內在，那個會嘗試培養對他人無條件的愛的自我，儘管這份無條件的愛很容易被生活中的挑戰及對他人煩躁的情緒掩蓋。」[41]同樣的，我的一個學生反映道：「當我在做整體的冥想時，我感覺我與自己更深層的目標和價值觀更有連結，而慈愛將其提升到新的等級。」

慈心禪和祈禱

祈禱是一套複雜的練習，有些與慈心禪有同樣的特性，有些則否。除此之外，祈禱可以反映對神的讚美、崇拜或熱愛；「靠近」神或與神連結的概念；道歉或懇求；請願、求情或請求不同的幫助。在慈心禪和祈禱中，人們與他們深層的價值觀連結，然後努力朝著特定的方向和目的發展他們的思維和心靈。跟慈心禪一樣，祈禱可能也有特定的話語，或有意義的長句子，或重複好幾遍的話。

在西方世俗環境中，慈心禪往往專注於培養你自己友善的感覺，而非與神聖的存在連結或要求特定的結果。如果你使用「願我平安」的格式，「願我」這個開頭可能會讓人困惑。聽起來可能會像是懇求。但「願我」這個開頭並不是在問：「請保佑我平安？」而是讓你的心思充斥你自己美好的祝願。如果你覺得「願我」這種說法很奇怪，你不一定要使用這個說法。你可以說：「希望所有生靈平安」或「但願所有生靈平安」。比起擔心美好的祝願是否到來，慈心禪是一種訓練，旨在透過你的練習，反覆調節你當下內心的善意。

有些人決定把包含慈心禪在內的正念練習融入他們的祈禱中，如果你願意，你肯定做得到。比方說，猶太人和基督教徒想遵守舊約聖經的戒條「要愛人如己」（〈利未記〉第十九章十八節）和新約聖經的戒條「彼此相愛」（〈約翰福音〉第十三章三十四節和〈約翰福音〉第十五章十七節），但他們不知道要怎麼給予他們不想愛的人愛。事實上，在一些舊約聖經和新約聖經關於這句話的解釋中，「愛人如己」（〈馬太福音〉第二十二章三十九節）事實上同時意味著你應該要愛自己。（然而這並不意味著你應該以最低限度或有條件的方式愛其他人，即使你對自己的愛是有限的或根本不存在。）非佛教徒，包括基督徒和猶太人，表示練習慈心禪祝福增強他們精神上對自己和他人的愛——他們將慈心禪或其他祝福的話融入他們的宗教活動中。

我的一個學生描述了將慈心禪的祝福語融入基督徒的祈禱詞中。培養特定心理素質的意圖是存在的，像是在特定冥想期間重複和專注於選擇的祝福語的特性：

我會選擇我內心深處想探索關於我自己的真相的聖經經文。例如，我嘗試「因為上帝賜給我們的不是懦弱的心，而是剛強、仁愛、自律的心。」（〈提摩太後書第一章七節〉）。通過重複和冥想的練習步驟，我真的感覺這些真理進入我的內心。當我嘗試傳統的祝福像是「願我生活安好」好幾次後，當時我也感覺是真的。只是我更喜歡引用聖經經文，因為驚聞更能引起我個人的共鳴，而且我相信它有力量和生命。

慈心禪作為持咒冥想

真言（來自梵語，有時候被譯成「思考的工具」[42]）代表任何重複的音節、文字或字句，通常用於培養特定的心態、感受或意識觀念。你可以大聲地將這些話說出口、念誦或只是簡單在心中默念。概念在於你變得跟那些話有很深的連結，如此就可以注入你的思想，成為一種精神地標或存放思維的精神之屋。

持咒冥想是一種專注冥想，你必須試著專注在自己選擇的音節、文字或字句上。當你的注意力分散時，重點是要意識到自己分心並再次集中，盡量不要對分心大驚小怪或批判。

基於這些描述，慈心禪可以被認為是一種形式的持咒（或「曼陀羅」）冥想。的確，絕大多數關於持咒冥想之影響的科學研究都涉及慈心禪，前面也提及過相當多案例。然而，有一些已發表的研究對於持咒冥想做了更廣泛的調查。復誦或聆聽真言的好處包括減少壓力和焦慮[43]、減少創傷後壓力症候群[44]，以及改善生活的品質和幸福感。[45]

為什麼持咒冥想有用呢？這是專注冥想的一種形式，跟專注於呼吸沒什麼不同。只是這裡關注的對象換了聲音、文字或字句，不是呼吸。學習管理注意力和不分心的好處大致相同，無論你專注的是呼吸還是真言。在這兩種情況下，你在訓練自己的大腦遠離預設的想法（反映大腦的「預設模式網路」和自我批判的習慣）並開啟大腦的任務正網路，與更有意識的專注力和更大的幸福感相關。

慈心禪的職場應用

大多數人醒著的時候都花大把時間在工作，伴隨著許多挑戰和挫折。你可能會在自己的專注力或工作效率裡苦苦掙扎。幾乎肯定會對他人（顧客、患者、上司或同事）產生不滿的情緒。各方面的批評都很常見：對自己、他人、工作或來自他人評價的批評，無論是事實還是想像。慈心禪可以使工作的情況稍稍改變，往好的方面。比方說，練習慈心禪會為空服員、實習老師和專業的醫療人員帶來更多幸福感和較少的壓力。[46]

我的人生有一段時間工作每週都要開九十分鐘的部門會議，讓我覺得惶恐不安。我決定利用開會的時間在腦海練習我的慈心禪祝福（「願我平安自在，願我幸福快樂，願我健康無虞，願我生活祥和。」），反覆不斷默念。我沒有抱怨要花那麼多時間開會，因為我已經決定利用這段時間來練習慈心禪。我覺得自從我開始練習後，就不像之前開會容易分心了。誰開會不會分心想別的事（批評自己、別人、郵件和午餐）？有了我新的慈心禪計畫，我的頭腦實際上感到更清醒，思緒不再亂飄，因為我的注意力有了目標。

練習慈心禪超過三週的老師們發現，雖然他們已經習慣因為課堂出現狀況而自責，但他們開始避免嚴格的自我批判。他們描述感覺自己不需要那麼努力或表現完美，也減少對課堂作業的控制。這些老師表示使用慈心禪來接受並處理焦慮和其他棘手的情緒，同時注意到自己容忍衝突的能力受到改善，在學生沒有達到他們的期望時依然保持冷靜。一名老師觀察道：「我感覺我更有耐心、更放鬆，並且能更有效地應對每個我在學校需要打交道的人。」另一位老師發現這個練習改變了他們對於上課的目標：「我慢慢意識到一個好老師不需要知識淵博，而是能毫無保留地呈現給學生。」[47]

老師們也表示他們跟學生出現更有效的互動。例如，一個老師指出他透過練習慈心禪培養慈愛的用意，不符合他想將難搞的學生從教室趕出去的衝動。他觀察道：「我對這些學生的憤怒和煩躁，跟我實際默念的冥想祝福相矛盾。」他發現自己反而尋找更包容和有益的策略（例如，讓學生換座位或私下找學生及家長談話。），而不是採納把難搞的學生趕出教室的方法。[48]

醫療人員在練習慈心禪後也給出有趣的回饋。經過十週的慈心禪與相關方法的練習後，醫療人員表示他們工作的疲倦程度、壓力和焦慮降低了，工作上的快樂反而增加，調節情緒的能力跟著增強。[49]路易斯．里奇蒙（Lewis Richmond）禪師描述跟「克莉絲汀」一起工作的情況。克莉絲汀是一名護理師，表示感覺時間不夠是她工作最艱難的部分。克莉絲汀決定嘗試重複「時間多多，照顧多多」這句話，以關心她最深層的價值觀。因為她的工作讓她沒時間進行靜坐，只能選擇在醫院走廊行走時，在心裡默念這句話。

克莉絲汀表示剛開始重複這些話時，感覺像是死記硬背的。然後她在練習時注入一種感覺，而不只是默念這句話。她回憶照顧她最有趣的一個病人「茱莉安娜公主」。她是一個擁有皇室血統的女性，舉止「優雅迷人」，會對克莉絲汀為她做的每件事道謝。在把茱莉安娜當作對象，默念一陣子「時間多多，照顧多多」後，克莉絲汀開始感到自己的工作稍微順利了些。幾個月後，她表示持續練習一陣子後，她開始感到厭煩。她說練習了一段時間後她確實覺得受益匪淺，現在卻變成別的東西：「當我走在醫院走廊上時，我會在腦中哼著那些話，試圖把某個感覺留在我的內心。這很難形容，但似乎真的有用。我覺得我在處理混亂的場面，而不是讓它影響我。」她也表示她開始會在照顧病患時坐下來，因為她記得茱莉安娜會告訴她：「坐下來，親愛的。」

這個故事表達了幾個重點，包括以反映個人喜好和感受的方式練習的重要性，以及在練習中嘗試不同變化的價值。里奇蒙寫道：「克莉絲汀將作為初階的練習帶到更深層次……為了將精神實踐帶入生活，重要的是要以輕鬆的心態面對，否則很太容易讓你的努力變成一種作業或瑣事。」[50]

當然，世界上有許多真正糟糕的工作場合，光靠練習慈心禪是沒辦法奏效的。如果你的工時超長、受到騷擾，或處於不安全的工作環境中，有必要採取行動。但慈心禪有助於減輕因為工作對自己或他人的批判，甚至能幫助你弄清楚哪些領域需要直接採取行動，哪些領域會因為重新調種態度而受惠。

慈心禪本能

如上所述，通過慈心禪培養友善的感覺需要實際的練習，或「正式冥想」的階段，你會一次不斷重複祝福好幾分鐘。過一段時間，你可能會注意到那些祝福或相關的感覺在正式冥想外的時間浮現。太棒了！畢竟，慈心禪的概念不是要你在練習的時候成為一名超級巨星，而是為了建立你整體的友善和幸福感，並減少你的自我批判和大致的痛苦情緒。

撰寫這章期間，我的腦海不由自主地浮現一些受慈心禪啟發的美好祝福。舉例來說，有一次我走在人行道上，旁邊是一個建築工地，正上方就是鷹架木板和金屬桿。金屬碰撞的聲音和電鋸、電鑽的巨大噪音頻頻傳來，我心裡升起一個念頭：「萬一鷹架垮掉砸到我怎麼辦？」於是，我決定向在我上方工作的工人送上安全快樂的祝福。我的恐懼因而平靜下來。當溫暖和滿足主宰我的感覺時，恐懼便成了那次經驗的冰山一角。同樣的狀況也發生在交通上（「我開的方向對嗎？前面為什麼那麼塞」），而當我向周遭的司機投射友善的想法時（「希望你們有美好的一天」），我的壓力減輕了。最讓我感到驚訝的是，某天我在不帶任何情緒的狀態下出去倒垃圾，一隻鳥飛到我前面幾呎的地方停下來。我看著那隻鳥，心想希望這隻鳥今天能過得愉快。把垃圾拿出去倒這件事突然變成一個完全不同的體驗，當我轉身走上臺階進門時，感到滿心喜悅。

無論你是否有本能送上祝福的經驗，你都可以尋找現實的機會來練習慈心禪。無論是在公車、火車、飛機、課堂，或是開會途中都是很棒的機會。你可能打算在排隊的時候練習慈心禪，或者去咖啡廳還是雜貨店消費時，默默重複慈心禪祝福語。你也可以決定在遇到困難或挫折時練習慈心禪（雖然我建議將此做法作為輔助練習，而非原始方法，因為培養慈心禪需要專注的能量，遇到難關時較難獲得）。你也可以讓善意自然而然地融入日常生活中，平靜地觀察經過持續刻意的練習所帶來的益處。

慈心禪是跟我們內心善意連結的一種練習。如果你時常身陷自我批判中，你可能很難想像自己是個天生善良、惹人憐愛且富有愛心的人。當你感到自我批判或自我貶低的時候，可以用關懷的方式注意那些感覺，就像你幫你照料的孩子處理傷口一樣。你可能會試著告訴自己，自我批判很多方面都反映來自過去不好的經驗，而不是真實的你或你將來可能成為的人。以更友善的態度與自己和他人相處並不能消除過去遭受的傷害，但可以減少進一步受傷的可能性，包括自我批判導致的內在傷害。

祝你在考慮嘗試或持續練習慈心禪時一切順利。我知道這可能會讓人望而生畏，或你可能不會特別有自信。在美國文化中，我們常常會認為自信是因為你已經很擅長某件事。在慈心禪和其他相似的技巧中，自信更像是對這個技巧本身以及你發展新技能的能力擁有信心。當你開始自我批判時，很容易認為自己永遠學不會不同的做事方式，改變是不可能的。本書提供的科學證據顯示慈心禪可有效減少自我批判和不安的心理健康狀態，這一點可能會讓你受到鼓舞。或許你敬佩其他從慈心禪或相似練習中受益的人或導師。你可能會想起自我懷疑在變得自信這條路上是普遍的特質。佛陀曾對懷疑自己能力的僧侶說：「人能修善，若是辦不到，我就不會要求你照做。」願你好好善待自己不論是透過慈心禪或其他策略，以緩解自我批判和相關痛苦的方式向前邁進。

願你平安自在。

願你幸福快樂。

願你健康無虞。

願你生活祥和。

思考題

1. 你對培養友善（修習慈心禪）的最初反應是什麼？練習慈心禪幾分鐘後有什麼感覺？你最初的反應和練習後的反應相似，還是有所不同？

2. 你跟陌生人相處的時候有預設的模式嗎？例如，避開眼神接觸，或批評他們的穿著打扮或身材？

3. 倘若你想嘗試慈心禪，是否有對你適合的「對象」順序？例如，有些人在嘗試其他人以前，會先選擇自己為對象練習慈心禪（「願我平安自在，願我幸福快樂，願我健康無虞，願我生活祥和」）數月或數年之久。有些人覺得對自己送上祝福很尷尬或自私，發現以朋友、家人或心靈導師為對象開始練習更容易。當你開始或持續練習慈心禪時，哪種方式感覺更適合你？

4. 此時此刻，怎樣的慈心禪祝福語最適合你？

5. 當你嘗試練習慈心禪時，是否出現任何不好的想法、感覺或記憶，或阻礙你練習的體驗（例如，分心、無聊、不適或焦慮）？你能否友善而溫柔地與那些體驗共處？

6. 練習慈心禪幾週後，你察覺到什麼？你練習的經驗是否會隨著時間經過變化？你是否注意到你對待自己的體驗或他人的方式不同了，即使在你練習以外的時間？

6　技巧性地接納所有感受

今早我從惡夢中醒來，感覺頭昏腦脹、意志消沉，渾身很不舒服。我夢見我在電影院，幾個大學朋友對我很冷淡，不想跟我坐在一起，包括一個我曾經覺得跟我很要好，但好幾十年前突然跟我斷絕來往的人。當我稍微清醒一點後，我決定不管心裡因為做夢產生的疙瘩，逕自完成一早的工作：寫電子郵件、沖澡、在孩子們起床前洗衣服。但我發現我一整天都會出現情緒後遺症，隱約地影響我的生活：讓我跟我家人的相處惡化、影響我的心情並耗盡我的精力。

我沒有忽略做那個夢給我的感受，而是坐下來，刻意讓自己去感受，用注意力和關心對待這些情緒。首先，我試著把注意力集中在呼吸上，以連接此時此刻內心發生什麼事。接著提出疑問：「這裡有什麼感覺？」除了一般的疼痛、或許跟哀傷、拒絕、困惑和背叛有關，我無法注意其他感受。然後捫心自問：「我注意到的這些感覺，還有那個夢帶給我的整體不安——我是從身體哪裡感受到這些情緒？」我的脖子上半部，以及我額頭和眼周的肌肉似乎很緊繃。當我呼吸時，感覺胸口周邊的肌肉被拉緊。我花了幾分鐘持續坦率而友善地注意我的情緒歷程和身體的感受。接下來發生的事出乎我意料。我發現自己不僅感受到失去一段親密友誼的悲傷和震驚，還感受到曾經的快樂與親密，讓失去這段友誼變得痛苦不堪。那些感覺同時也很真實。在接下來的幾分鐘內，我注意到跟所有情緒相關的感覺。我脖子和額頭的肌肉似乎放鬆了一點，我的胸口感到更舒緩、輕鬆，柔和而不是緊繃。我覺得在那五到十分鐘內讓自己接納所有感覺是值得的。我的心情變得更安穩及和諧，彷彿各種體現痛苦和愛的感覺已經融入一幅更大的畫面中。總的來說，練習結束時我的精神狀態也跟著好轉。

在前面的章節中，我闡述了一連串策略，以建立友善、親切和激勵人心的自我對話的新習慣。但即使那些策略可以減少自我批判並增進幸福感，也沒辦法防止所有人類固有的痛苦經驗。就算沒有自我批判的困擾，我們仍然會面臨一些艱難的時候。

我把這章放在最後，是因為這些練習乍看之下似乎沒那麼振奮人心，它涉及注意痛苦的感受，因為意識到當下發生的事實通常是有效解決事情的必要條件。當你允許自己接納所有情緒，你也有機會給予內心深處需要的地方支持與鼓勵。本章的練習為你提供特別的框架以接觸並照顧當下難受的感覺，而不會感到不知所措，同時建立取代以下模式的能力：麻木痛苦的感覺、變得迷失在思緒和感受中，抑或是批評自己的情緒或處理它們的方式。

接納所有感受不代表你必須馬上處理這些難受的感覺，甚至比起其他類型的經驗，優先給予這些情緒關注。相反的，接納所有感受指的是以注意和關心的方式承認你的感受，目的是為了讓你從壓縮自己經歷的情緒或陷入痛苦的感覺和思考其意義的模式中解脫。在本章中，我們將嘗試接納所有感受，練習能幫助你有安全感、受支持和安慰的方式。

「練習接納所有感受」與兩種很常見但有問題的情緒處理習慣形成對比。一種涉及只接納幾種感受，並抑制、麻痺、壓抑或轉移對大部分感受的注意力（例如，決定不要因為分手而傷心，反而用忙碌工作麻痺自己）；另一種則是以錯誤的方式接納各種感受和對那些感受的想法（例如，藉由對分手「假設性」的想像或對話導致更深刻的悲傷和憤怒）。這做起來很難，因為這就像你坦率地接納自己的感受，實際卻迷失在關於自己感受的想法和情緒中，或許還有過度認同自己感受的問題。兩種情緒風格的特徵可能出現在同一個人身上，這兩種習慣還可能包括批評自己的感受。而所有這些傾向（接納部分感受、接納關於感受的情緒和想法，但以笨拙的方式，以及自我批判）都會導致較低的幸福感。

「練習接納所有感受」涉及練習一個認同自己感受的特殊方式。並非要你拋開自己的感受，也不是要讓感受操控一切。它反映了見證你的感受的一種感覺，超出特定感受本身的覺察；在艱難的感受出現時，練習有耐心地好好對待自己；避免批評自己的感受。最後是優先注意當下的感受，而不是與對那些感受的想法、感覺、回憶或打算。

至少有三種具體的方法（自我慈悲練習、由辨識、允許、探究和非認同四步驟組成的 RAIN 冥想療法，以及呼吸冥想）可建立技巧性的接納所有感受的能力。記住，這是持續練習培養新習慣來做出真正的改變，而不是閱讀並同意某些觀點。本章將依序探討每個練習。然而，先觀察一下你目前壓抑、反芻思考或批評情感的習慣可能會有幫助。

壓抑感受

「咬緊牙關，撐下去」、「拿出男子氣概」、「靠自己的力量振作起來」，我聽過很多人遇到困難時這麼對自己說。我明白希望痛苦的情緒消失是人之常情，這樣你才可以繼續過生活。急著讓一切變得更好，而忽視或減輕痛苦是很常見的，即使在跟自己對話這件事上也一樣。你還可能會相信自己生活忙碌，沒有時間或空間感受這些情緒，或像是你不想對別人的行為產生情緒反應，使他們如你所想像的感到滿足。允許自己接納某些感受而忽略其他的也很常見，某些情緒可能更輕鬆、更熟悉或更讓人接受，又或許更符合你看待自己的方式或其他人的期待。但只允許自己出現某些感受，不管有意無意，都是有問題的。試圖避開難受的情緒不一定會成功，但這麼做可能需要花費力氣，還會使你注意整體感覺的能力變得麻木，包括更正面的感受。

一旦壓抑感受沒用（也就是你仍然感受到某些情緒，即使你覺得自己不該有這種感覺），你就可能會批評自己出現不想要的感受，或沒有「好好」地處理。然後，你的內心將充滿痛苦的情緒（事實上，感覺可能會更糟），當痛苦的情緒延續時，還會加上失敗和焦慮的感覺。

短時間來說，讓自己分心或分散痛苦可能會有用。例如，我記得曾經在工作上遇到一個難搞的上司，有一陣子感到很煩躁，晚上搭地鐵回家時還會眼眶含淚。有時候我會沉浸在工作不順帶來的痛苦感受，有時候我則會選擇專注於周遭環境，直到回家後才讓情緒爆發，全取決於那天我多晚下班和地鐵上有多少乘客而定。需要把痛苦的情緒拋諸腦後，才能做好自己該做的事的人並不少見，或甚至先靜一靜，以明智地處理棘手的情況。

當你避開痛苦的感受時，那些感覺事實上可能會變得更強烈。你或許會因為室友太邋遢，壓抑煩躁的心情好幾個星期，然後有一天因為受不了自己是唯一會整理冰箱的人，而朝他們爆發。不要用分心或壓抑注意力作為應付難受情緒的主要策略還有另一個重要的理由：如果你不練習怎麼真正地處理難受的情緒，就無法建立解決問題的能力，或樹立你真的有能力處理的信心。

我們很容易落入假設自己有辦法控制情緒，然後透過講電話、工作、社交、藥物、暴飲暴食或酒精分散注意力，也因此並未實際練習接納情緒的循環，無論有意無意。等到下一個低潮期來臨時，你就會覺得不用同樣的方式讓自己分心就無法處理這些情緒。我不是故意混淆你，因為我真的認為某種程度的分心會有效，特別是當你刻意讓自己分心，並搭配其他策略。（「我要去看 Netflix 追個兩集劇冷靜冷靜，然後把我的感受寫在日記上，再想想該跟我妹妹說什麼。」）

壓抑感受可能會阻止人們做出必要的改變或發展出新的能力。**痛苦可能代表我們的生活或外面的世界需要不同做法的信號**，承認痛苦對成為一個負責任的人、朋友或公民是很重要的部分。忽略問題的作法可能會延續問題本身，從個人問題像是壞習慣到社會問題像是全球暖化和種族歧視皆是如此。明白問題的存在是踏出採取行動的關鍵一步。

嘗試過用正念冥想等心方法來感受負面情緒的人，通常會對出現的所有感覺感到驚訝——不只是「強烈」的感覺，也不只有痛苦的感覺可能被埋藏起來，還有更溫和或不易察覺的感覺。排除似乎有點無聊或不值得注意的感覺很常見，我們卻冒著情緒失去控制的危險，作為人類「消極偏見」的俘虜，將我們的注意力放在最痛苦的事情上，而忽略較溫和、愉悅或中性的感受。

抵抗反芻思考

技巧性地接納所有感受，並不等同於反芻思考、評判及分析。當我進行靜坐冥想時，我的大腦可能會開始編寫電子郵件給某個人。我可以感覺我的大腦斟酌地選擇正確的字眼，我可能對這封信的內容和目標收件人帶有感情。在這種時候，我會盡量暫停思緒，重新把注意力拉回到當下的身體感覺和情緒上。如果我專注於寫信的口吻或怎麼把我的想法傳達給另一個人，就沒辦法跟我自己經歷的真實感覺進行連結。管理、修復、執行，這些行為都有其必要性，但它們都不是讓我學會接受所有感覺的練習。

如果你發現自己內心正在反覆思量，或迷失在導致這些感覺的過去經驗中，或一再反芻那些感覺，或只把注意力放在過去與未來，你可以先心平氣和地注意發生什麼事，再把注意力重新拉回到當下的感覺和情緒中。計畫未來並了解過去是很重要，但在做技巧性接納所有感受的練習時，就會導致分心。正念導師蘇珊·皮維（Susan Piver）建議：「感受情緒，拋開背後的故事。」[1]

反芻思考可能會讓你誤入歧途。思考自己的感覺時，就好像我們在深入感受這些情緒，或像是我們正在培養更深刻的洞察力。或許你可以心平氣和地對那些假設提出質疑。你可能會問：「我是否與當下身體的真實體驗，也就是隱藏在這些想法背後感覺的直接感受有所連結？」你可能也會想：「我是否真的在學習關於這個感覺或情況的新資訊，或我是否反覆地闡述我已經得知的訊息？」佛教心理學使用「近敵」這個詞代表偽裝成美德的東西。由此可見，反芻思考可能會被認為是接納所有感受的近敵，因為這就好像你讓一切感覺如實存在，但你的大腦實際上已經對原有的感覺增添新的解釋和情感。反芻思考還反映了迴避或自我保護；人們可以透過「訴諸理智」或過度分析他們的感覺以保護自己，而不是真正的去感受。

正念導師約瑟夫・葛斯汀（Joseph Goldstein）提出「說不的智慧」，解釋道：「我們很常在靈性修練中強調肯定——表示接受、開放、豐足、豐富的經驗。而肯定對於解決自我批判、壓抑和限制的方式是有效的手段。但還有一種說不的智慧，當我們認識到某件事很笨拙、沒有效果，也不會帶來幸福感。在那個時候，我們可以練習說：『不用了，謝謝。』」[2]

「說不的智慧」對你已經卡關的想法特別有用。如果你知道自己會有這種感覺，就不需要每次出現這種感覺時都重新分析或提起質疑。當你發現自己掉入關於感受的習慣模式：批評、壓抑、反覆思考你的感受和相關要素（反芻）、制定改變的策略，或過度關注最強烈的感受並忽略細微的感受時，你也選擇利用「說不的智慧」。

減少過度認同

另一種錯誤地接納所有感受的做法是過度認同。過度認同反映了有感覺和假設你就是感覺本身之間的錯覺。藏傳佛教大師阿念仁波切（Anyen Rinpoche）來到美國時，很驚訝周遭的人花大量的時間注意自己的情緒，到排斥周圍的人和情況的程度。他心想如此注意自己的情緒似乎讓人們很不快樂。他還觀察到英文這個語言是怎麼加強過度認同的。阿念仁波切指出用英文表達生氣的說法是「I am angry」（我是生氣的），但其他的語言可能將「我有憤怒的情緒」這個概念格式化，或像藏語說的：「憤怒存在我心中。」[3]

很容易就能看出對感覺的過度認同會導致自我批判。如果我等同於我所經歷的情緒，而我有那麼多難受的情緒，那我肯定是個很糟糕的人。這種對於難受情緒的自我批判會讓情緒延續下去，因為擁有困難的情緒而批判自己，只會導致感覺更糟，讓你更加自責。

這有助於記住難受的感覺並非有意識產生的，而很多痛苦的感覺是對壓力的一種正常反應。一個常見的隱喻是「你是天空，你的感受就是天氣」。把你的感受看成短暫的事件，而非你的個性，就能縮短感受延續的時間。

對感受的自我批判

對感受的自我批判可以掩蓋各種假設情況，包括情緒管理技巧的定型心態、「成功」人士想出該怎麼永保快樂的方法和不耐煩。下述是一些可能出現批判情緒的類型。有哪個讓你覺得熟悉？

- 我不該有這種感覺。
- 我不擅長處理負面情緒。
- 很多人面臨更糟糕的情況，所以我不該感覺這麼糟糕。
- 為什麼我不能像某某人就好，他的心態似乎比我好，也能更好掌握人生？
- 其他人不會像我這樣折磨自己。

- 我試過一個處理難受情緒的方法，但沒有效，就代表那個方法不好，或者是我沒救了，沒有方法幫得了我。
- 為什麼我的感覺不能快點好起來？
- 我應該處理得更好。

上述範例普遍都有對自己的感受和處理方式自我批判的要素。你可能將這些話視為刻意的想法，或可能反映出隱藏性假設。練習用新的方式來認同情感上的痛苦，有助於用更有效率的習慣和心態替代這些信念。上述提到的念頭除了基本的自我批判外，還包括其他微妙的陷阱，值得我們一一進行探討，消除錯覺。

「我不該有這種感覺。」讓我們稍微解釋一下這句話，因為這句話可以反映出不同的看法。首先，這句話代表我有可能或很容易一直感到快樂。確實有證據表明人們可以透過特定的方法，以減少難受的感覺並改善幸福感。但這不代表我們永遠不會有情感上的痛苦。因此，培養接納負面情緒的能力是明智的做法。

這裡說的「接納」不是要你控制痛苦的情緒，而是允許它的存在。你可以把整個概念想成將「我不該有這種感覺」的想法轉換為「這就是此時此刻我的感受」。你可能會自我檢視怎樣的感覺似乎可以被「接納」，哪些是你「不該」擁有的感覺。這些假設反映了文化條件：作為一個男人、女人，還是好人、成功的人、父母、孩子或伴侶擁有怎樣的感受才是對的。你可能會只允許自己接納情感光譜內的一小部分感覺。也就是說，情緒的強度似乎是對發生的事情過度反應。另一半把碗盤留在餐桌上，飯後收拾的工作全丟給你，你便勃然大怒。你很有可能不會因為發生一次就生氣，而是因為這種情況已經出現無數次，而且你將他的行為解讀成有意的。

「過度反應」其實代表了某人同時對當前的狀況及相似的問題與想法產生了反應。因為我們不像電腦一樣可以清除歷史瀏覽紀錄，所以很常會發生這種情況。你無需因「過度反應」而自責，只是要嘗試留意：「哼，我現在有個感覺，似乎不只因為當前的狀況，還跟其他經歷和想法有關。」這麼做或許還可以防止因為「反應過度」對他人做出評判。看似過激的反應更可能是對當前情況，以及其他感受和經歷漫長複雜的歷史結合起來的反應。

最後，「我不該有這種感覺」這句批判的話可能隱含其他想法和感受。「我不該有這種感覺」真正的意思可能是「我害怕有這種感覺，因為我不知道該怎麼處理，而且如果我感覺很難過，可能就會一發不可收拾」。但難過的感覺不會一直持續下去！允許自己注意並跟更多感受連結的優點之一，是你能注意到難以察覺的感受是很強烈的、當下有什麼身體感覺，以及這些感覺會如何隨時間變化。例如，一個學生思索道：

我正處於痛苦地壓抑信念和情感的恍惚狀態中。意識到我所感受的情緒以及我是在身體哪個部位感受到的，激起我可以釋放負面情緒的希望。我一直習慣把情緒拋開而非去感受，因為這些情緒會讓人感到痛苦和脆弱。然而，練習這個辨識情緒的方法實際上讓我釋放積壓在胸口的主要壓力。當我注意到我的痛苦時，自然而然地就出現自我慈悲的情緒。

「我不擅長處理負面情緒。」這句自我批判的話反映了情緒調節的定型心態：無論你是否擅長處理負面情緒，都到此為止。然而，情緒調節的技巧不是固定的特性，像是眼睛的顏色。這些技巧會符合塑造（你怎麼觀察其他重要人物管理他們情緒的方式）和練習（無論是重複當前的習慣或刻意嘗試新的技巧）。

這句話也有很強烈的「自我」感。彷彿帶有「但這對我、我的個性、我是怎樣的人或我有多擅長這件事代表什麼？」的含意。試著把這個想法翻轉過來。換句話說，如果你處理難受情緒的方式，除了反映當下的情況和習慣，實際上對你而言沒有任何深層意義呢？

你可能會透過觀察「我擅長這個；我不擅長這個」的功能作為思考的習慣。這可能會產生一種控制感（「我知道我是誰，我擅長什麼和我不擅長什麼」）以及認同感。這種分門別類的思考模式會讓你免於學習怎麼以新的方式應對所有麻煩；但最終，這種限制心態會讓你無法認識到自己真正的改變能力。

「其他人面臨的情況更糟，所以我不該有糟糕的感覺。」人類的苦難不是比賽。事實是當其他人可能面臨失去家人、家園、工作甚至他們的生活，也不會抹滅你所經歷的事。比起幫助你有更好的感受，想著「其他人過得更糟」會抵銷你的感受，或在當下的難關中，增加內疚和自我批判。

你可能會批評自己為雞毛蒜皮的小事煩惱，像是沒機會回電話或體重增加之類的事。這些「雞毛蒜皮的小事」可能實際上會反映值得你注意的重要課題。或許你會覺得自己的友誼斷開了連結，或在其他生活需求下，沒辦法好好照顧身體。你可能會花時間坐下來感受那個感覺，探索在眼前的「小」問題下是否存在更大的問題。

放著「小」難題不管就跟其他人相處而言也不是個好習慣。難道你希望朋友對你說：「別忘了，其他人過得更糟。」這種話嗎？這似乎無法使人理解或感到安慰。如果你察覺到某件事，表示它對你造成了影響。你能夠注意感覺本身，而不是壓抑自己的感受或分析這對你來說代表什麼意思嗎？

「為什麼我不能像某某人一樣更會處理事情？」我年輕時的一份工作，座位隔間正對我的同事。她似乎一直很開心，我則常常愁眉苦臉或心情複雜。感覺她和我在情緒態度上有巨大的鴻溝。噢，為什麼我就不能和她換個性？她的性格明顯更好。又或許我可以像她一樣，而不是繼續當那個苦苦掙扎的自己？

如果你很痛苦，希望有不同的人生體驗很正常。我不知道這名同事是否生來就具有開朗的性格，或她的人生經驗是怎麼造就她的心態。無論如何，儘管有很多關於人生轉變的故事和電影，我似乎就是不可能神奇地成為另一個人。我必須處理我的情緒弱點、習慣和機會。

你可以從他人應對生活的方式中得到啟發，不帶有同樣自我批判的想法：「為什麼我不能跟那個人一樣？」我參加過幾次有經驗豐富的冥想導師與會，或有其他看起來冷靜睿智的領導者演說的冥想工作坊。有時候我會有一種平和、踏實或有耐心的感覺，讓我自己感受到更多這些特質，或至少感覺那些特質是有可能的。但「為什麼我不能跟那個人一樣？」這個問題傳達了一種不管我怎樣都不夠好的批判，以及一個不合理的假設，就是我可以轉換成另一種心態並馬上適應，而不用經歷處理情緒的工作。

「其他人不會這樣折磨自己。」噢，但其他人也一樣。也許不是每個人，但**很多人都在費盡心思處理自己的想法與感受所產生的自我批判中掙扎，只是你沒看到而已。**

這是將你的內在情緒跟他人的外表比較的典型例子。從外表看來，其他人似乎較不複雜。你看到的別人可能只是一個人的形象，但你的內心可能如萬花筒般千變萬化。我們所受的社會化讓我們不會立刻跟其他人掏心掏肺分享一切，有些東西絕對不會分享出去。而大多數對話和互動所需的簡化，會讓我們在所有複雜性和內心衝突中感覺到孤獨。

像我這樣的工作（心理治療師，在大學開設正念和慈悲課程）提供了解他人自我批判和其他精神動盪的窗口。我的父母和學生常常描述自我批判和內在衝突，因此我將這些視為一般的心理狀態。但我們在Facebook、Instagram甚至本人身上看到別人生活的一小部分似乎感覺別人的生活更心平氣和且井井有序。這都是障眼法，其他人也有自己的問題。

「我嘗試了新策略，但沒有效。」或許嘗試新策略在過去沒有效。也許是你不喜歡，或不適合你。嘗試新策略可能會有一段艱難的時期。當情況太艱難時，會讓研究新的應對方式變得太有難度。當你遇到輕度或中度的情緒問題時，我建議你可以練習新的應對技巧。

或許問題在於你只嘗試一、兩次就放棄。為了能真正從解決問題的新方法中得益，你必須反覆練習好幾遍。但那需要一點耐心，在新練習變得自在前，忍受某種程度的不舒服。

「我真該處理得更好的。」最近我常常有這個念頭，讓我有嶄新的機會去檢視自己。我認為這句話背後隱含了一些假設，像是：「我沒有更有技巧地去處理我的情緒，代表我很糟糕。」自我批判的心態可以用不能「完美」處理感覺作為我有問題的證據。

發現自己受限於我該處理得更好的念頭時，我試著思考一個問題：「真的有人能把這個難題處理得比我更好嗎？」而腦中浮現的答案是：「當然，但你就在這個位置上。」我不是這個宇宙中最會處理難受情緒的人。我還有很多成長和學習的空間。所以這個問題會變成是：「我能讓自己處於現在這個位置，擁有這些情緒並以我的方式去處理，同時心平氣和地認識到真正成長的領域嗎？」

也許有更好的技巧可以處理任何出現的情緒。然而，要掌握技巧通常需要練習，嚴厲的自我批判幾乎沒有任何幫助。你可能會發現自己將處理難受情緒的關卡解釋為：「我真的不擅長這個，真是糟透了！」一個更有建設性的回答可能是：「對，我的確可以和其他人一樣，持續發展這個領域的技巧。但在今天，這就是我的位置。」

情緒迷思和問題陳述

情緒迷思的概念是關於讓我們與情緒產生共鳴的情感，無論有意無意。[4]雖然這些迷思不是真的，感覺卻很真實，還會影響我們的行為。情緒迷思的例子包括每個情況都有一個正確的情緒反應、尋求支持是脆弱的表現、負面感受天生就是錯的或太過戲劇性的想法。作家艾咪．克洛佛（Amy Clover）觀察到我們會告訴自己特定情緒故事的現象：如果感到受傷，就是我們太敏感了、臉皮薄或沒有男子氣概；如果感到生氣，我們就是瘋了、失控或很難搞；如果感到失望，就代表我們是悲觀主義者；而如果我感到害怕，那代表我們很脆弱。克洛佛表示她會反覆告訴自己：「有這種感受沒關係。」[5]

為了跟情緒建立較健康的關係，心理學家瑪莎・林內漢（Marsha Linehan）鼓勵人們發展「問題陳述」以修改情緒迷思。[6]例如，如果你相信每個情況都有正確的感受，你可以嘗試問題陳述：「同樣的情況下有很多正常的感受方式。」為了推翻負面感受天生就是錯的想法，你可能會發展出下述問題陳述：「擁有全方位感受是身為人類的基本能力。」

下述是我的一個學生闡述他對需要在壓力下「堅持下去」的問題陳述：

> 我發現自我慈悲有一個很困難的關卡，就是當我生氣或面對挫折時，我會嘗試「堅持下去」。我不會溫柔地對待自己，反而常常想著「只要牙一咬撐過去」。這通常會讓我感到精疲力盡和煩躁。我處理這種情況的方式是在想哭的時候鼓勵自己哭出來，而不是堅持不哭。我還試著認識自己的感受，告訴自己在經歷挫折時可以感到生氣。我發現能從做一件事感到自我安慰，就是站在鏡子前對自己說：「我對××感到生氣，而因為××，所以沒問題。」我認為設法心平氣和且親切地對待自己有助於我擺脫「咬牙硬撐」的心態前進。

在沒有自我批判的情況下，建立處理感覺的新方式

要怎麼才能技巧性地接納所有感受。首先從你的大腦、身體和日程安排中騰出空間去注意感受，然後當你在經歷那些感受時跟自己好好相處。不一定只去感受讓你深感不安或覺得不該出現的情緒。接納所有感受代表你也能打開心胸去注意細微的感受，甚至是愉悅或中性的感受。人們很容易認為自己只會注意到最強烈的感覺，而忽視其他感覺。

當你敞開心扉接受當下正在經歷的感覺時，你可能會注意到有些感覺相對讓人感到愉悅，有些感到不同程度的不快，有些則感覺中性。換句話說，你可以注意到有種感覺沒有特別愉快或不愉快，但就是存在。我鼓勵人們體驗自身的感受，並非提倡優先考慮情感上的痛苦。注意中性或正面的感覺，即使在壓力大的時候，也可以保持平衡。可能需要透過一點練習。因為這似乎不重要：我幹嘛花時間或精力去注意我的腳穿上襪子或空氣沁入肌膚的感覺？

技巧性地接納所有感受指的是注意你當下的所有感覺。這裡說的「所有感

受」不是要你一下子敞開心扉接納整個人生累積的情緒，包括你過去經歷的所有難關和未來可能出錯的事情。一下接納這麼多情緒會負荷不了。其概念是嘗試感受當下此時此刻的身體感覺和情緒。我認為要注意到某件事的方方面面是不可能的，但你可以試著盡可能接納並注意當下的感受。

在你注意當下的感覺後，你可以繼續注意下一個感受，以此類推。試著不要期待這些感受會改變或保持不變。如果連續練習好幾分鐘，你肯定會注意到一些變化，因為身體的感覺和情緒很少會保持完全一致。接納所有感受代表敞開心胸去感受此時此刻與剛才不同的感覺。觀察這些變化，即使只有細微的差異，還是給人一種希望的感覺，與抑鬱、焦慮或生氣將一成不變的感覺形成鮮明對比。

我在下述探討的練習提供了建構性的方式讓你經歷當下的感覺。心理學家克莉絲汀・娜芙創造的自我慈悲練習，涉及承認痛苦，記住情感上的痛苦是身為人類的一個正常部分，並且以善待自己的方式回應你的感受；正念導師蜜雪兒・麥當勞開創的 RAIN 冥想療法，並由心理學家兼正念導師塔拉・布萊克概述識別感受、允許這些感受存在、以關心且感興趣的態度分析這些感受、用自我慈悲來培養感受這一連串步驟。最後是在第三章探討的靜坐呼吸冥想，可以用來練習接納所有感受，而不妄自評判。

自我慈悲練習

這個練習很簡短。花時間去認同你的生活中目前感覺不太好的地方。你的心思可能很容易跳到目前遇到最困難或讓你擔心的情況。但如果這是你第一次做這個練習，選擇稍微適中的部分會比直接去健身房做重訓（情緒上）還有幫助。

你可以將問題或情況帶進你的大腦或身體中。花一分鐘只注意當下的感受。在你的大腦和身體有什麼感覺？你能不能只在這一分鐘內專注於那些感熟，而不被捲入任何複雜的思緒中？

你可以承認這種感覺或情況很困難或你正感到痛苦。一句實際的話能帶來幫助。克莉絲汀．娜芙建議可以說：「這是痛苦的時刻」或「這很難」。[7]承認痛苦存在可能會讓你感到安慰。

自我慈悲練習的下一步是承認「痛苦是人生的一部分」。換句話說，這是人生常有的事，而不是把你和他人區分開來，或將你視為有缺陷的經歷。痛苦是人生的一部分，而你活著，所以有時候會感到痛苦。從佛教的觀點來看，這種認識反映出四聖諦：生活的一部分包括dukkha，通常翻譯為「受苦」、「苦難」、「不幸」、「痛苦」、「焦慮」、「不滿足」、「掙扎」或「壓力」。幾位正念導師觀察在西方文化中似乎特別常將不滿表現為自我批判或自我厭惡——有種「我有問題」的感覺。[8]

最終，最後的步驟是善待自己的感受。善待的概念可能聽起來很抽象，尤其是當你不習慣的時候。搭配一些話有助於讓練習變得更具體。你可以在心中默念：「噢，我很遺憾你正經歷這個難關」、「我很關心你當下的感受」或「我就在這裡，我想幫忙」。

自我慈悲反映出承認並維持內心感受的能力，即使那個感覺非常痛苦，還要在壓力大的時候，用關愛對待自己。這需要花時間練習，但練習會獲得回報：自我慈悲跟幸福感、積極度和成就感有關，還可以連結到一些心理健康問題上。事實上，研究證據顯示自我慈悲對心理健康的影響比正念高十倍。[9]只要練習幾個禮拜就能很好地增加人們自我慈悲的能力並減少壓力。例如，某個調查研究運動員參加為期七天的自我慈悲介入干預治療，顯示他們的自我批判、擔心出錯和反芻思考的傾向有減少的跡象。[10]

透過練習，自我慈悲練習就能融入日常的壓力經歷中，當壓力大的時候，就不會有陌生和不知所措的感覺。主動決定遇到難關時的策略，練習那些策略，然後運用策略會帶來自信心。雖然沒辦法讓痛苦消失，但跟束手無策或沒用方法比起來完全是天壤之別。隨著時間推移，自我慈悲就會成為一種反射動作——充滿韌性的肌肉，能夠在出現壓力時讓我們保持堅強。

你可以想像在度過壓力特別大、漫長的一天後開車，突然有人超車的情形。你的心跳加快，努力讓心情恢復平衡，然後開始生氣（也許還會說出言不遜）。沒有自我慈悲或練習的策略，你可能會一直處於壓力增加和生氣的狀態。或者，你可以花點時間停下來思考：「那真的很可怕，我會怕撞車也是可以理解的。而且，我已經很心煩意亂、又餓又累。有這種感覺也很合理，身為人類有這種感覺很正常。我可以試著在此時此刻特別關心自己。我能為自己的感受找到一點善意或慈悲。或許捫心自問：『我需要什麼？水嗎？當我回到家後，花幾分鐘冷靜下來，然後也許在電話上跟朋友訴苦，會不會感到受到支持？』」

核心練習：自我慈悲練習[11]

開始練習前，首先在腦中回想壓力大的情況。當你剛開始練習時，選擇一個讓壓力適中的情況，不要從備感壓力的情況開始。然後：

1. 承認自己感到痛苦。
2. 記住痛苦是人生的一部分——是共享的經驗，就算我們自己獨有的痛苦通常感覺格格不入。
3. 對自己的感受給予某種形式的善意，無論是用言語鼓勵（「我很遺憾你必須經歷這一切」），一些舒緩的行為（像是喝杯茶或散步），或是舒服的觸感（像是按摩脖子或把手放在心口）。

RAIN 冥想療法

這個練習最初是由正念導師蜜雪兒・麥當勞開發，使用首字母縮寫 RAIN 來代表四個步驟：辨識（Recognize）、允許（Allow）、探究（Investigate）和非認同（Non-identification）。另一個冥想導師塔拉・布萊克的四步法則是：辨識、接受、探究和滋養。不論哪種說法都可以提供有用的結構來觀察並認同感受。我試著將這兩種版本整合成下方的 RAIN 冥想療法。

第一步是辨識發生什麼事。有時候當下的感受很明顯，但有些感受更細微。當你暫停弄清楚發生什麼事時，試著心平氣和的注意當下影響你的身體感覺、情緒、想法和行為。你可以觀察出現在你的覺察中最強烈的情緒。

下一步是允許你的經歷存在。這跟你對自己感受的心態有關。概念是接納這些感受，騰出空間，允許它們存在。與其不斷去想或改變這些感受，甚至告訴自己「放手」，不如讓這些精力存在。塔拉．布萊克建議在此步驟中，你可以對自己說「沒關係」或「這是常有的事」。這步驟的目的是要讓你做好準備，加深對自己感受的關注。

第三步是帶著興趣和關心探究你的感覺。這意味著為體驗帶來好奇心和關心感，並問問自己：「我注意到最多的感覺是什麼？我是在身體哪個部位感覺到的？我有什麼想法或信念？」然而，盡量不要過於沉溺在心理分析或為什麼你又毀這種感覺的背後故事上。相反的，試著保持你當下具體的感覺，關於：「這些感覺本身在此時此刻是什麼感受？」

到了最後一步，你可以試著非認同（記住那個想法和感覺是來自過去的事件而非我們自己本身）或是以自我慈悲滋養自己。布拉克解釋這一步驟看似可能像原諒，抑或是只是陪伴或安慰。如果你覺得成為愛自己的泉源望而生畏，你可以想像某個在你生活中對你親切、理解或安慰的人，並想像那些關心正湧向你。

核心練習：RAIN 冥想

1. 識別：當下此時此刻有什麼感受和身體感覺。
2. 允許：體驗本身存在當下。
3. 探究：或表達對你感受的興趣，用關心和非評判的方式。
4. 非認同：以關心和疼惜滋養你的感受，並維持不認同（也就是避免將你的感受視為你本身，而非來自過去事件）。

我的正念和疼惜課程中包含自我慈悲練習和 RAIN 冥想療法的教學，聽到這些練習如何在我學生的經歷中變得生動起來，一位學生分享他的經驗：

RAIN 冥想讓我真正嘗試去意識並了解自己的情緒。第一步，也就是識別發生什麼事讓我能真的坐下來然後想：「好，我現在的感覺是什麼？」第二步是我最喜歡的步驟，因為第二步是要允許當下的體驗本身存在。我喜歡這個步驟，發現這個步驟對我特別有幫助，因為我傾向於努力讓自己體驗情緒。我認為我和大部分的人都意識到我們正在經歷一種負面或不愉快的情緒，並立刻嘗試將其放下、壓抑或治療。這個練習讓自己真正感受到情緒的重要性，這樣我才能找到問題的根源，而不是表面「解決」問題。

接納所有感覺的呼吸冥想

正如第三章所述，冥想提供了另一種接納所有感覺的方法——同時培養情緒調節能力並減少自我批判。常見的冥想方式是專注於當下呼吸的感覺，不帶評判地觀察浮現的任何其他想法和感覺，然後重新把注意力拉回呼吸上。允許充分體驗身體感覺的行為，像是呼吸，似乎也有助於人們完全接納想法和感覺。

接納所有感覺是呼吸冥想一個重要面向。重點是找一個「折衷的辦法」，不是要你把精力拋開，也不是要緊緊握住。雖然一些形式的呼吸冥想涉及以特別的方式呼吸，常見的指示是簡單注意呼吸及其品質（長短、深淺或胸口、鼻腔的感覺等等）。允許一連串呼吸感覺的練習，而不要去控制，也可以為允許當下出現各種情緒感覺鋪路，而不是通過內心的編輯或自我批判來限制情緒。

正念導師賴瑞．羅森伯格（Larry Rosenberg）描述在呼吸冥想時專注於特定意圖，以熟練地允許所有感受：

最終的目的是用盡全力允許一切發生，雖然這麼做並不容易且需要花時間建立。例如，你的所有憤怒、孤獨和絕望，允許這些事出現並被意識之光轉化。

在這些狀態中有巨大的能量，大部分時間我們會壓抑這些能量，這樣我們不僅會失去其中隱藏的所有能量，還會耗費心力去壓抑。我們逐漸學會的是讓這些東西浮出表面並進行轉化，以釋放能量。有時據稱，你不會藉由這個練習解決問題，而是消除問題。但很多人一開始面對的雜亂心神會讓我們灰心喪志。[12]

培養注意每一次呼吸的技巧，不要下評判，可以在不加以評判的情況下進一步注意其他感覺。這是一種較溫和的暴露療法，因為它會逐漸打斷自己遠離感覺的方式。「去那裡」變得不再可怕，因為你知道自己早已到過那裡。你已經習慣你自己傾向某些類型的想法和感受，並且更有信心你可以溫和地注意到那些傾向，而不感到驚慌。研究成果顯示，呼吸冥想可以降低對困難思想和感受的反應。[13]

患有創傷後症候群的退伍軍人表示在練習呼吸冥想和其他正面技巧後，對他們的情緒有了不同的感受。一個研究蒐集了退伍軍人為期六週的練習後的反應，受試者的意見包括：

雖然症狀並未改善，但我的反應產生了變化。最顯著的變化是處理這些症狀的過程。

我能夠退後一步，冷靜下來，不像之前一樣勃然大怒。

我沒那麼容易生氣了，而且更容易冷靜下來。[14]

你可以心平氣和地辨別哪種做法似乎是你在生命的此刻探索的好地方。雖然自我慈悲練習和 RAIN 練習是特別設計讓人們注意、允許善待自己的感受並減少自評判，人們往往表示專注於呼吸的冥想也有相似的結果。事實上，比起自我慈悲練習或 RAIN 練習法，透過呼吸冥想允許感受出現甚至更能讓我們在工作上減少情緒化，因為呼吸比你自身困難的感受似乎更像是中性的議題。

允許次生情緒存在

通常一個情緒會導致另一個情緒，一個感受會產生另一個感受，這些衍生的感受又被稱為次生情緒或後設情緒。複雜且多層次的情緒體驗可能會讓人不知所措，在錯綜復雜的思緒和解釋中，很難在其中注意到特定感受。佛教心理學上包括「第二支箭」的想法會讓原本的傷口惡化。正念導師釋一行禪師解釋道：「由我們自己發射出去的第二支箭其實是我們的反應、背後的故事和焦慮。這些都放大了痛苦。」[15]

尋求心理治療的焦慮症患者，內心時常混雜了可以用原始和次生情緒來觀察的感受。患者往往將「原始」的焦慮形容為難受的身體感覺（像是心跳加快、出汗或感覺發抖），焦慮或恐慌的時候可能會出現。但也許更痛苦的是格格不入的感覺（「我不正常」），對焦慮感到焦慮（像是害怕焦慮永遠不會改善）以及對焦慮所產生的其他情緒反應（包括絕望、生氣、拒絕和挫折）。證據顯示負面的次生情緒，或說因為情緒產生的難受感覺，跟低程度的幸福感有關。[16]

有時候次生情緒的產生無可避免，但並非絕對。即使非常有難度，養成善待焦慮的習慣可以避免產生一些其他的情緒反應，因為那些反應與拒絕接受焦慮有關。練習善待焦慮能夠開始平息次生情緒產生。與其經歷難受的身體感覺、格格不入、對焦慮感到焦慮、絕望、自我批判和挫折的綜合感受，面對焦慮本身還簡單得多。單單以友善的方式處理身體症狀，比起處理各方面的痛苦還更容易。

有時，意識到、並允許次生情緒存在也會帶來幫助。如果你很煩躁或憤怒，以至於你把怒氣出在某個你很關心的人身上，你可能之後會到內疚、難為情、難過、對自己感到失望，並擔心你對自己愛的人發火。上述這些感受都不好過，卻可能很有用。這些感受會向你釋放訊號，告訴你必須向你斥責的那個人道歉，而且可能有助於你下次以不同的方式面對挫折。

次生情緒可以作為防衛機制出現，保護你不受其他情緒影響。[17]你可能會對一個朋友沒打電話給你感到生氣，一部分是為了保護自己不感覺受傷。或者是你對不贊同你意見的投票者感到憤怒或噁心，一部分是因為你怕他們偏愛的法律或政客會贏。涉及探究當前感受的練習像是RAIN，通常會發現隱藏在次生情緒下的原始情緒。

你也可以有意識地培養有用的次生情緒。有助於培養疼惜的練習，包含自我慈悲練習和RAIN冥想療法，實際上是關於刻意建立次生情緒的練習。這些練習並非要你陷入習慣性的次生情緒，像是擔心痛苦的感覺，而是要刻意的養成以某種特定次生情緒做出反應的傾向，像是善待並理解自己的痛苦。

接納自己有不好的情緒

允許自己感到不快樂聽起來可能很嚇人。你可能會擔心這將永無止境。你可能會想一個不好的感覺會簡單地導致另一個不好的感覺，一直下去。但你可能會發現，**允許情緒存在實際上會比逃避情緒存在更輕鬆**。正念導師大衛．楊（David Young）觀察到很多人會「跳過」他們的感受，就像用手掠過水面一樣，但他們發現表面接觸的持續刺激就像是種折磨。他表示很少人會潛下去，更充分的感受他們的情緒。楊闡述道：

> 抵抗掠過感受的衝動，深潛進情緒中，能讓那些感受散去或比我們意識到得更快消失。有點像是慢慢涉足進入冰冷的池塘，會比直接跳入水中要痛苦得多。此外，當我們進行深潛時，這個運動會變得越來越容易，痛苦也會減輕，同時讓我們得到更多智慧和完整感。我們不加評判，更能「感受」自己，因此也更能「做」自己。[18]

正念導師拉・薩門托（La Sarmiento）解釋在心碎後深入探索痛苦如何為自我接納鋪平道路。[19]認同自己是性別酷兒的拉在六歲時便觀察到自己「不想成為一個女孩」，並記得有種「什麼事情不太對勁」的感覺。拉憶起他們告訴自己說：「如果有人知道真實的你，就不會有人愛你或接納你。」而他們在長大成人後在人際關係上持續抱持這個信念，滿足於「任何會愛我的人」。經過幾次失敗的關係後，拉決定花些時間「以真正的允許我感受那份孤獨，那個不被愛或接納的感覺」。

拉解釋道為了弄清楚發生什麼事以及如何照顧他們自己，「完全擁抱那個痛苦」是必要的。拉表示正念導師阿姜・查（Ajahn chah）寫道：「當你禪坐的時候，就應該專注在那件事情上……如果你不曾痛哭流涕，你就不會進行禪修。」透過允許自己完全承認和經歷劇烈痛苦、格格不入、恐懼和自我恐懼的感受，拉能夠跟自身培養更真實的關係：「為了真正意識到發生何事，並表達感受和需要。」由於致力於保持開放並面對他們最痛苦的感受，拉得以進入一段長期的關係中，這段關係讓他成為跟「任何人在一起以來最像他自己——真實的自我」。

允許負面情緒存在真的有助於感受變好嗎？

這可能難以相信，但大量的研究顯示允許並接納負面情緒的存在跟幸福感呈現正相關。一個研究中的與試者包含一千位成人中，即使在控制像是反芻和重新評估等相關變量後，接納心理體驗與更高程度的心理健康仍和生活滿意度有關。[20]其他研究呈現接受想法和感受會降低對實驗室和日常壓力的負面情緒反應，即使在考慮像是生活壓力、社經地位、性別和種族等因素後。[21]

為什麼讓自己感到負面的想法和感受會導致較好的心理健康和幸福感？研究人員丹尼爾．埃文斯（Daniel Evans）和蘇珊．塞格斯托姆（Suzanne Segerstorm）針對「為什麼練習正念的人擔心得比較少？」這個問題進行調查。他們報導稱避免評判性思維會減少引發額外闡述和解釋的想法。[22]科學家描述在情感領域上一個類似的過程。接納情緒可以減少對於情緒激動、自我批判、焦慮或絕望的感受，它們可能會導致惡化或延長負面情緒的反應。避免對自己的想法和情緒有激烈的反應似乎減輕了這些感覺的強度，讓思想和情緒消退得更快。[23]

有時候讓自己難過似乎沒有必要，特別是只在看似涉及輕微痛苦的情況下。今天，我因為某個並不值得「真的」感到難過的原因而生氣。只有幾個安靜的時刻，我決定要冥想。一開始我抱持著懷疑的態度進行（因為我只有幾分鐘可以冥想，可能不會有什麼用），但秉持著這章的精神，我捫心自問：「不然我就讓自己感到難受，真的讓任何難過的情緒存在，讓自己感到非常糟糕呢？」我的胸口有種波濤洶湧的感覺，然後哭了大概五秒。真的，十秒不到。然後我感覺好多了，我的胸口似乎放鬆不少，事情變得沒那麼絕望。我知道不是每個人都會哭，但偶爾大哭一場會有幫助。但為了哭出來，我不得不讓自己感到難過。然後我才會感覺好過。

在我最近的一堂課中，一名學生描述他是如何在一段關係結束後允許自己感到難過。這個關鍵部分涉及讓自己處於悲傷的過程中，而不是給自己壓力解決她的感受：

> 我對自己太嚴苛了，分手後便檢討在這段關係中發生的一切，給自己很大的

壓力進行「療癒」。這次的日記課讓我有必要停下來，感受一下自我批判是多麼耗費精神和時間。我也發現善待自己有多麼容易，以及如何不費吹乎之力。我發現在我試圖「療癒」的過程中，我的注意力都集中在「被療癒的地方」，而非療癒本身。

允許「不好」的感受也會產生意想不到的結果，導致正面的感受出現。正念練習似乎減少了大腦對負面思維的產生。[24]最近我有了練習允許負面情緒存在的機會，因為我最小的孩子剛滿二十個月，這週開始去上托兒所。他顯然很擔心、困惑並下車時感到心煩意亂，而我擔心他會感到難過，甚至有被拋棄的感覺。我回到家後無法專心工作。我打掃家裡，外出散步。我為他練習慈心禪，同時知道我必須允許自己感到難過，坐下來一面擔心他能否適應，一面意識到他的痛苦和我自己的痛苦。

我坐下來，想讓自己正感受到這一切的痛苦，完全允許難受的感覺，在接受我的情緒的安全空間內，專注於當下的感受和感覺，以比情緒本身更大的意識來見證我的感受，並維持善待自己的態度。我思考了這個問題：「我的身體現在發生了什麼事？」我注意到左胸口出現彷彿心臟齒輪卡住的感覺。我吸了一口氣，觀察到喉頭收縮，再吸了一口氣。這並不好玩，但這些感覺是可以控制而非毀滅性的。然後我的肚子發出奇怪的咕嚕聲。接著出現一些愉悅的感覺。我的胸口感到輕鬆，並浮現我很喜歡新老師的想法，她告訴我，如果我兒子不開心，她就會給我兒子看她養的兔子戈多的照片。我對托兒所的所有職員感到很尊敬和感激，也很開心我兒子能讓他們照顧。儘管我開始練習是為了讓自己感受到「不好的東西」，但「好東西」也隨之而來。

自我慈悲練習、RAIN冥想療法和呼吸冥想都提供了巧妙的感覺以打開困難的感受。熟練地接受所有感受是壓制、無視、反芻它們，以及分心、擔心自己的感受或自我批判的根本解決辦法。練習一個策略很多次可以提升自信感，這樣你就可以從「我不擅長處理情緒」跨越到「我有以前用過的方法能讓我用來渡過難關」。策略本身還可以培養善待自己和減少自我批判。不管你是使用問題陳述解決情感迷思、自我慈悲練習、RAIN冥想療法或呼吸冥想，你的精神努力改變了你對感受的態度，甚至是感受本身。

有時候練習「允許所有感受」可能看起來像一個大雜燴。最近，當我處於相對中性的情緒狀態時，剛好有一個二十分鐘的安靜空檔，我坐下來想讓所有感覺出現。我注意到臉上的感覺，我的眼瞼緊張，緊繃的僵著下巴，頭皮還有點癢。更深入感受眼皮的緊繃，我感覺緊緻的靜脈和眼睛上方的皮膚、熱度、靜電和緊繃。我感到頭有一點痛，但也很慶幸幾個小時前的劇烈頭痛已經離我遠去。我花了幾秒思考並擔心下一週的工作。我聽見一聲鳥叫，注意到我很享受這個聲音。腦海浮出另一個念頭：很高興我的孩子們此刻能去海灘玩……開始擔心從野火中撤離的家人。然後對環境危機的恐懼、沮喪和絕望，成為我心中的負擔和深入骨髓的疼痛。我的腳趾緊繃，深呼吸一口，感受到有點沉重的呼吸感。我身體的其他部位——腳和背感覺健康和強壯，即使我此時呼吸沉重。我意識到我的擔憂和感受是正常的，對於此時此刻湧現的感受懷抱友善與溫暖。我內心浮現膽怯與不確定，對於該如何以真實但充滿希望的態度與孩子們談論氣候變遷的話題，我害怕自己會出錯，並急切地思索該怎麼組織我的語言。回到這一刻，欣賞寂靜的空間，欣賞我的呼吸。注意當下的感受，然後是下一刻。我反覆練習用呼吸作為錨定點，不斷地把注意力拉回當下，而不是未來的計畫和擔心。

在那次靜坐後，我意識到自己與身體的感覺緊密相連，並且與我每一個當下的體驗更加同步。我沒有解決氣候變遷的問題，或消除我對它的恐懼和沮喪，或弄清楚怎麼跟我的孩子談論這件事。但我的壓力似乎沒那麼大了。我的胸口有一種開闊的感覺，彷彿在那一刻有足夠的空間來感受我的感受。就像他們本來的樣子，我也感受到我的感受圍繞著一團善意的緩衝。

巧妙地生活在允許所有感受的領域

亞當是我大學的研究生，但他的學業成績比我還要好，而且我很欣賞他隨和開朗的個性。他似乎也能勇敢地面對痛苦的現實——出現在我們診所的患者和研究所同學的身上。亞當似乎對自己和他人都很自在。我發現他很健談，他似乎是那種不需要解釋太多就能「理解」的人。

在心理學領域工作的好處之一就是能認識不同同事，而且他們大多是很好的傾聽者，喜歡探索複雜的情緒，我偶爾會跟亞當聊聊我不切實際的希望與失望。我很驚訝聽到亞當跟我說他跟他交往六年的女朋友分手了，他曾跟她同居並打算今後要跟她生活一輩子。但我更驚訝當我問他狀況的回應。他說：「我感覺很糟，每天都很難過。但我也知道現在必須讓自己沉浸在深深的悲傷中。」

「現在必須讓自己沉浸在深深的悲傷中。」我從未聽過這種說法。不僅僅是因為悲傷不該被否定，實際上它還是我們有必要體驗的挑戰性情緒，而非只是一味逃避，或試圖讓這些情緒立刻變成正面的。這反映了某種對待感情真實和成熟的態度，在大多數的關係中都很少見。人們通常會因為想對自己和他人證明已經走出前任陰影而備感壓力。他的情況似乎不一樣。另外，從這句話中也能得知，他知道痛苦不會永遠持續下去。當下的痛苦是真實的，但並非被判了無期徒刑。

亞當表示他很痛苦，但他沒有逼自己要有更正面的情緒。他對自己處於何種情緒的接受程度似乎與他對待患者的樣子相吻合。例如，在我們研究生治療師臨床實踐小組中，他談到曾經為垂死母親的孩子們提供諮商，帶著「對呀，這很可怕。這很糟糕、很痛苦，讓人不知所措，而我會坐在這裡陪你們面對這件事。」的態度。他堅定不移的態度，不試圖為了別人、或為了自己去逃避或掩蓋糟糕的感覺，讓諮商者僅僅在他的陪伴下便有力量。你可能會認為允許痛苦存在會讓痛苦掌控一切，但他的耐心反而使其更容易忍受。並非一切都與自我審查、否認和批判有關，隨著時間過去、新的體驗出現，你永遠可以自由選擇留在那裡或轉身離開。

亞當幾年後畢業了。他的新伴侶，也就是他現在的妻子，就坐在觀眾席中，他抱著兩人的寶貝女兒接過他的學位證書。我最近在一個會議上看到他，頭髮白了不少，比以往都還要快樂。

思考題

1. 你是否曾經告訴自己「撐過去就是你的」？是否有效？
2. 哪些特定情緒是你允許自己去感受，哪些情緒則否？你各將其歸入哪個類別？
3. 有沒有什麼時候或情況會讓你允許自己接納並感受所有的情緒？那是什麼感覺？
4. 你是否注意到有時候會藉由麻痺或讓自己分心來壓抑情緒？
5. 你是否曾經迷失在對自己感覺的想法中，以至於拘泥在同一個問題上，或深深地認同你的情緒狀態——彷彿你就是你的感受一樣？
6. 你有哪些情緒迷思（比方說，別人過得更慘，所以你不應該抱怨，或是負面情緒本來就不好或會帶來破壞）？你能想出挑戰這些迷思的話嗎，比如告訴自己就因為別人可能面臨更大的困難，不代表你的感受就不真實或不被接受，或者擁有全方位情感是人之常情？

7. 你能忍受你的朋友或家人表達痛苦的感受時，而不試圖去修復或解決問題嗎？你是否對要花那麼多時間才從這些情緒回復過來感到沮喪，或者你似乎深陷其中不可自拔？

8. 你對自我慈悲的最初反應是什麼？這個概念是否讓你覺得很自我中心或俗氣？你最初的印象跟練習自我慈悲後觀察到的結果有何不同？

結語：繼續健康的自我對話

從不斷的自我批判轉為親切、友善和鼓勵的自我對話是一件重要的事。經過多年痛苦的生活，給予自己糟糕的評價，甚至討厭自己一整天後，現在我可以好好地觀察我的過失和缺點，鼓勵自己去改進，而非老是想著這些事，這個改變如今仍讓我感到很吃驚。聽到我的學生和患者闡述他們自我對話的旅程擁有相似的軌跡時，還是令我高興不已。

除了本書介紹的技巧外，改善自我批判的方法還有很多。我鼓勵你去探索其他途徑，或將我建議的方法進行調整。看心理治療師對很多人來說很有效，一部分是因為花時間跟某個用鼓勵、友善和接納的態度對待你的人相處，會讓你以相似的態度對待自己。你也可以透過結合其他身心練習（像是瑜珈、身體掃描、武術或創傷療法）嘗試「進入身體」，有助於舒緩自我批判導致的身體緊繃。許多人也發現宗教或靈性修行能減輕自我批判。禱告和相關練習會打破預設的心理習慣，這些練習可以培養出反映最深層價值觀的思考模式。強調為他人服務，透過當志工或在你的工作及人際關係上，也能減少自我批判，同時培養幸福感。

你無需獨自練習健康的自我對話。本書所探討的一些方法通常是集體練習。例如，很多冥想中心會提供團體練習課程幫助你培養不帶評判的覺察和慈悲心，有線上和面對面兩種選項。還有一些為期八週的課程，包含減輕自我批判的練習，線上和面對面都有，像是正念自我慈悲、慈悲培養訓練、和基於正面的減壓法。在很多線上互動和線下活動中，人們會分享他們轉敗為勝的故事（例如，「搞砸之夜」組織舉辦的活動中，演說者會描述他們從工作失敗中學習的經驗）。你也可以決定和朋友一起練習「發現成功」或「行為觸發」，幫助生活步上正軌，讓你在發展健康的自我對話這條路上感到不那麼孤單。

即使在你的思維從以自我批判為主轉變為自我鼓勵後，可能會發現自己偶爾還是會陷入自我批判的泥淖裡。那些時候不代表你所做的努力都是白費。練習本書的方法有助於降低自我批判的頻率和程度，但要讓自我批判徹底消失不太可能。如果我不小心對朋友說了不經大腦的話，我可能會被「天啊，他們會恨我一輩子！」的想像所吸引。被自我批評深深吸引甚至會讓我們感到熟悉且安心，因為這是我從小就經歷的重要記憶，壓力、飢餓和疲勞也可能會推動我們重回舊模式。但因為我擁有廣泛的自我批判意識和替代自我對話練習的經驗，我可以很快地發現受到吸引並後退一步——盡可能地修復錯誤，而不是急於批評自己或做出糟糕的結論。

健康的自我對話支持新的起點：將可能被自我批判消耗的精神能量釋放出來，用於人際關係、活動和興趣上。我希望你也能花時間找到幽默和愉悅。雖然我熱衷於改善自我對話和解決其他方面的心理健康問題，但在努力調整和不試圖改變自己、只體驗當下之間保持平衡也很重要。我也意識到世界上有很多急需解決的問題，遠比我們自己和自我對話重要，弄清楚怎麼幫助也很重要。

生而在世，需要承受的苦難程度往往令人難以承受，無論是逃避現實或是感到絕望都很正常，就算沒有自我批判也一樣。有時候我會練習靜坐，想著當前也沒什麼「足以」解決氣候變遷、貧窮和種族歧視問題的事是我可以做的——現實是不管我怎麼做都不足以讓這些問題消失。這個世界的紛紛擾擾不是我和我是否有足夠的能力就能解決的。我能允許自己對存在世界上的很多困境感到悲傷、生氣和挫折，同時記得糾結於自我評價不會帶來幫助。具體的行動像是投票、聯繫民選官員、投入時間或捐錢，而不是專注於閱讀大量新聞，可能會讓人感覺精力充沛且充滿希望，而外界作用比外部行動比內在歷程更有可能產生影響。

本書大部分內容是在新冠肺炎疫情期間寫成。在此背景下，觀察自己和他人的自我對話很有意思。在應對疫情的同時，怎麼樣才算是做得「好」或善待自己？我自身處境的壓力跟很多失去親人和工作的人比起來算不了什麼，但要在家教我上小學和學齡前的孩子、趁寶寶睡著時跟我的患者進行視訊診療、線上授課、抓出十到二十分鐘的時間寫書，以及擔心健康、政治和全世界的情勢，還是讓我有很大的壓力。我寫書的情況肯定跟我想像中可以靜下心來思考和寫作的畫面大相逕庭。

在我埋首寫書期間，偶爾的確會有感到自我批判的時候，即使我明白我已經在這個陌生的經歷中量力而為。有時候情況會很艱難，而且不知道該如何解決。

二〇二〇年的春夏之際，我從迪士尼動畫《冰雪奇緣2》的角色安娜——由克莉絲汀．貝爾（Kristen Bell）配音——得到了安慰。她會在壓力大時對自己唱：「去做下一件正確的事。」每撰寫一章，我就會重新練習那一章探討的技巧。每一次，我都很慶幸有這些特殊的必備技巧，能夠讓我增加自信，減少壓力及陷入自我批判的可能。

練習經常出現變數。我在整本書中一直強調反覆練習這件事，因為**自我批判的習慣太根深蒂固，需要大量的練習才能改變**。僅僅靠意念和自我省悟便成功改善自我對話很難得。一旦自我批判傾向變得較沒那麼嚴重後，你可能會決定不再繼續練習對你有幫助的技巧。練習一下，休息一下，然後再度重新練習對你有幫助的技巧，還是嘗試變化或新方法也很常見。我真的很享受回到我很熟悉但有時候一個禮拜或一個月沒做的練習，像是發現成功、自我慈悲練習或深入內心的慈心禪。我曾經有段時間持續練習靜坐冥想三十分鐘以上，其他時候的正式冥想僅限於每天練習幾輪「吸氣，我的朋友；呼氣，我的朋友」。

無論你用何種方式進行自我對話，我希望在自我對話練習的次數、標準、頻率和進度上，你都可以對自己溫柔一點，以鼓勵取代自我批判。

無論是在練習自我對話還是其他方面，都祝你一切順利。

注釋

本書注釋請掃描下方二維條碼查看。

高寶書版集團
gobooks.com.tw

NW 273

也許你該和自己聊聊

降低情緒內耗，學會放過自己，強化內在安定的六個正念對話練習

The Self-Talk Workout: Six Science-Backed Strategies to Dissolve Self-Criticism and Transform the Voice in Your Head

作　　者　瑞秋．高史密斯．圖羅 Rachel Goldsmith Turow
譯　　者　陳思華
主　　編　吳珮旻
編　　輯　鄭淇丰
封面設計　林政嘉
內頁排版　賴姵均
企　　劃　鍾惠鈞
版　　權　劉昱昕

發 行 人　朱凱蕾
出　　版　英屬維京群島商高寶國際有限公司台灣分公司
　　　　　Global Group Holdings, Ltd.
地　　址　台北市內湖區洲子街88號3樓
網　　址　gobooks.com.tw
電　　話　（02）27992788
電　　郵　readers@gobooks.com.tw（讀者服務部）
傳　　真　出版部（02）27990909　行銷部（02）27993088
郵政劃撥　19394552
戶　　名　英屬維京群島商高寶國際有限公司台灣分公司
發　　行　英屬維京群島商高寶國際有限公司台灣分公司
初版日期　2023年 09月

國家圖書館出版品預行編目（CIP）資料

也許你該和自己聊聊：降低情緒內耗,學會放過自己,強化內在安定的六個正念對話練習/瑞秋.高史密斯.圖羅(Rachel Goldsmith Turow)著；陳思華譯. -- 初版. -- 臺北市：英屬維京群島商高寶國際有限公司臺灣分公司, 2023.09
　面；　公分. --（NW;273）

譯自：The self-talk workout : six science-backed strategies to dissolve self-criticism and transform the voice in your head.

ISBN 978-986-506-795-3（平裝）

1. CST: 對話 2.CST: 自我肯定 3.CST: 生活指導

177.2　　　112012912